KB170502

성공하는 습관,
황금알을 낳는 비결이
인성이다

성공하는 습관,
황금알을 낳는 비결이
인성이다

초판 1쇄 발행 • 2022년 4월 11일

지은이 • 한무룡

펴낸이 • 최성훈

펴낸곳 • 작품미디어

신고번호 • 제2020-000047호

주소 • 서울시 동작구 상도로 62가길 15-5(상도동)

메일 • jakpoommedia@gmail.com

블로그 • https://blog.naver.com/cshbulldog

전화 • 010-8991-1060

ISBN • 979-11-975634-2-3 (03190)

ⓒ 한무룡, 2022

성공하는 습관,
황금알을 낳는 비결이
인성이다

한무룡 지음

작품미디어

로마로 가는 가장 빠른 길

『국부론國富論』의 저자인 애덤 스미스Adam Smith, 1723~1790는 "지구는 점포이고 인간은 그 속에 사는 점원이다."라고 했다. 실제로 인간은 평생 장사하다 죽는다. 사전에서는 "장사란 이익을 취하기 위해 물건을 사서 파는 일"이라고 풀이하고 있다. 하지만 장사를 좀 더 넓게 풀이하면 상호 간에 재화나 서비스, 지식이나 기술, 정보 혹은 이익이나 성과를 주고받는 모든 거래를 의미한다. 현대인이라면 애덤 스미스의 말처럼 여기서 하루도 벗어나 살 수는 없다.

거래는 사람 간의 만남으로부터 시작하니 자연히 그 사람의 품성인 '인성'이 핵심이 된다. 그러므로 인성이 만남을 주선하고 대인관계를 조율하며 성과를 좌우하는 최고의 주역이라 할 수 있다. 인성을 지닌 인재는 주어진 목표를 쉽게 달성하고 당면한 문제는 능동적으로 해결한다. 당연히 현대 기업에서 인성을 지닌 인재를 최고로 중시하지 않을 수 없다. 특히, 미소 짓는 온화한 성품은 장사하는 사람에게는 대표적인 필수조건이다. "웃지 않으려거든 장사하지 마라."라는 중국 속담도 있다. 여기에는 "웃지 않으려거든 취업할 생각 말라." 나아가 아예 "돈 벌 생각도 말라."라는 의미도 포함한다고 하겠다. 하지만 역으로 생각해보면 웃으면 장사가 잘 되니 그만큼 돈 벌기가 쉽다는 말도 된다.

저자는 우리나라 사람의 머리와 손재주가 세계적으로 우수하여 유대인처럼 인성교육만 제대로 시행되면 세계 4강을 넘어 2강에도 들 수 있다고 주장한다. 기업을 운영하는 사람으로서 전적으로 동감하는 바다. 실제로도 인성과 인성교육의 중요성과 필요성을 우리 같은 상공인보다 더 절실하게 느끼는 사람은 없을 것이다. 상공인 중에는 맨주먹으로 사업을 일으킨 분이 많이 계신다. 여기서 눈여겨볼 점은 그분들에게는 '열정, 끈기, 배려, 신념' 등, 몸에 밴 '인성'이라는 또 다른 자산이 있었다는 점이다. 이 것 없이 일시적으로 성공한 상공인은 있을지 몰라도 오래가지는 못한다. 창업 당시나 지금이나 모든 상공인에게 인성은 하루하루의 매출이나 사업의 성패와 직접 관계가 있다. 개인적으로 안 좋은 일이 있다고 해서 얼굴을 찌푸리고 있다면 정말로 가게 문을 닫아야 할지도 모르는 일이다. 아니 자칫 잘못하면 인생의 문도 닫아야 한다.

오늘날 전 사회적으로도 인성과 인성교육의 중요성과 필요성이 자주 강조되고 있다. 하지만 안타깝게도 인성교육이 제대로 시행되지 못하고 있음은 주지의 사실이다. 필자를 비롯해 주변 대부분 사람들이 "교육은 사회나 국가의 몫"이라 생각한다. 물론, 우리 상공인이 참견할 분야가 아닌 것도 사실이다. 그러나 지식과 기술 교육은 국가가 맡을 수 있어도 다양한 현장 경험이 필요한 인성교육은 어려울 수밖에 없다. 그래서 지금까지 국가에서 많은 노력을 기울였음에도 불구하고 그 성과가 미흡한 것이다.

이제 오랜 장사 경험을 지닌 우리 상공인들이 관심을 두고 보조 교사나 특별 초청 교사 자격으로 실제 교육에 참여한다면 인성교육의 보급과 정착에 크게 이바지할 수 있을 것이다. 자녀의 인성교육도 쉽게 시행할 수 있으며, 또 저변 확대로 창업하는 소상공인이 많이 나올 수 있음을 기대할 수 있겠다. 우리의 2세들에게 사업을 물려주기도 훨씬 수월하다. 결국, 이는 우리 자신을 위하는 일이며 나아가 국가를 부강하게 만드는 일이다.

저자는 소상공인 출신이면서 기업의 영업 부서에 근무했던 사람으로 알고 있다. 장사를 진정으로 이해하는 사람이라는 뜻이다. 그리고 20여 년 동안 독자적인 인성 이론과 인성교육을 연구하고 실천해 왔다. 그러므로 이번에 펴내는 『성공하는 습관, 황금알을 낳는 비결이 인성이다』는 지금까지 나온 어떤 책보다 '인성'을 제대로 소개한 책이라는 생각이다. 취업을 앞둔 취업준비생이나 재학생, 그리고 이미 사회에 진출한 모든 이에게도 직접적으로 도움이 될 것이다. 특히나 창업하는 사람과 기존 업체들의 직원용 교재로 추천한다.

책을 보게 되면 인성이 왜 "황금알을 낳는 거위"인지, 인성이 어떻게 "장사나 경영"인지를 간접적으로 경험할 수 있어 개인은 물론이고 기업과 국가에 무한한 성과를 기대할 수 있을 것으로 보인다. 더욱이 사회의 뿌리는 가정이므로 가정에서부터 인성교육을 시작한다면 더욱더 이상적이라는 생각이 든다.

"모든 길은 로마로 통한다."라는 말이 있다. 비유하자면, 우리 사회의 궁극적 지향점으로 상징되는 로마에 닿는 사통팔달의 길이라는 뜻이리라. 그런 면에서 저자가 주장하는 인성과 인성교육은 우리 사회의 로마로 가는 가장 빠르고 정확한 길이라는 생각이다.

〈백년가게국민운동본부〉 위원장, (사)한국산업용재협회장
송치영

성공하는 습관, 황금알을 낳는 비결이 인성이다

노래처럼 즐겁게

성공한 사람 모두 인성이 원동력이라고 한다. 기업가들은 성공의 전부라고까지 한다. 취업 시즌이면 기업에서 "스펙보다 인성"이라며 인재를 찾는다. 이광형李光炯 카이스트 총장은 2021년 취임 기자 간담회에서 "카이스트의 문제점은 공부를 너무 많이 한다는 점입니다. 전공 공부 덜하고 인성과 리더십 교육을 통해 학생들의 꿈을 키워야 합니다."라고 말했다. 익히 알려진 대로, 유대인이 인성교육으로 이루어낸 노벨상 외에 다방면에 걸친 국제적인 인재 배출이나 성과는 이제는 일반 상식이 되었다.

인성은 모든 문제를 푸는 만능열쇠다. 이론은 쉽고 투자비용은 없는 데 비해 성과는 엄청나다. 이보다 쉽게 인생의 목표를 달성케 하는 도구는 없다. 그런데도 왜 인성은 외계인 이야기처럼 우리 생활과는 한참 멀까? 여러 원인 중 입시와 암기 위주의 교육으로 인성교육이 오랫동안 제대로 시행되지 못한 점이 가장 크다. 더욱이 인성이 이론적으로 너무 쉬워서 배제되는 면도 있다. 우리는 쉬우면 습관적으로 무시한다. "그렇게 쉬운데 할 게 뭐가 있나?" 하며 주의를 기울이거나 학습할 필요를 전혀 느끼지 않는다. 그래서 일부 아는 사람만 알고, 학습하는 사람만 학습한다.

몸을 튼튼하게 하기 위해 매일 운동하는 사람이 많다. 우리의 마음도 마찬가지다. 매일 수련하면 "마음의 근육"이 생긴다. 심신이 튼튼해야 세상의 어려운 파도를 쉽게 넘는다. 미국의 심리학자 브레네 브라운Brene Brown 박사는 마이크로소프트의 빌 게이츠Bill Gates를 비롯한 실리콘 밸리의 많은 사업가를 정기적으로 상담한다. 물론, 모든 상담자가 이상이 있어서가 아니라 지금보다 심리적으로 튼튼해지기 위해서다. 마음은 한 가닥 실과 같이 약하다. 하지만 학습이나 훈련, 상담 등의 활동으로 모여지면 커다란 배도 끌 수 있는 강한 동아줄이 된다.

그렇다면 '성공의 습관'이나 '성공의 비결'과 '인성'은 어떻게 다른가 하는 의문이 생길 수 있다. 관련된 몇 권의 책을 단순히 읽으면 지식이 된다. 대신 그 속에서 중요하게 생각되는 몇 가지 과제를 정해 시간 나는 대로 마음속에 새기고 다짐하며 시행도 해보면서 마음의 근육으로 만들면 그게 바로 인성이다. 이 과정만 잘 이해하고 넘어서면 누구나 '황금알 낳는 거위' 한 마리씩을 쉽게 갖게 된다.

그런데 한 독자로부터 "인성이 너무 어렵다."라는 소리를 들었다. 인성은 쉽다는 점이 특징이라고 주장해온 필자로서는 충격이었다. 곰곰이 생각해보니 내용이나 이론이 어렵다기보다 인성교육이 오랫동안 시행되지 않아 '낯설다'라는 뜻이었다. 인성이라는 황금알을 낳는 거위를 전혀 키워본 적이 없었던 것이다. 낯설면 아무리 쉬워도 접근이나 시작이 어렵기 마련이다. 지금은 하루도 없으면 안 될 정도로 요긴하게 사용하는 컴퓨터를 생각해보자. 처음 배울 때는 무척이나 어려웠다. 고도의 복잡한 첨단 지식이나 기술이 필요해서가 아니라 단순히 그저 처음 접해서 어려운 것이다. 방금 배운 조작법을 금방 잊어버리기도 한다. 손동작도 어색하다. 몇 번 반복하면 익숙해질 것 같은데 하루 지나면 또 잊거나 그전으로 돌아간다.

　인성도 똑같다. 예전에 가정이나 학교에서 받은 적이 없는 교육이라 아무리 쉽다고 해도 그냥 어려운 것이다. 익숙하지 않으니 열심히 해도 자꾸 관심에서 멀어지고 실제 행동으로 잘 안 된다. 그러니 하기가 싫어진다. 자연히 성과도 없다. 주위를 둘러보아도 인성의 학습과 훈련을 하는 사람도 없다. 그러다가 포기한다. 하지만 조금만 참고 반복하면 언젠가 컴퓨터처럼 다루기가 익숙해질 것이다. 이젠 왼손, 오른손 모두의 손놀림이 무척이나 자연스럽고 능숙하다. 다른 일을 하면서도 동시에 할 정도다. 인성도 그렇게 될 수 있으며 그렇게 돼야 진정한 인성이라 하겠다. 그러면 유대인의 성과를 나의 목표로 삼아도 된다. 이보다 더 내 인생을 풍요롭게 만들 방법은 없다. 그런 의미에서 '노래처럼' 인성에 '친근감'을 주는 책이 필요하다는 생각이 들었다.

　책의 제1부는 인성에 관한 조금 긴 소개와 안내이고, 제2부는 그동안 온라인상에 연재했던 '생활 속 인성'과 관련한 짧은 에세이들을 묶었다. 오랫동안 인성을 연구하면서 인성과 장사·상인·기업가 정신 등이 불가분의 관계라는 점을 새삼 깨닫는다. 또한 "인성은 장사 잘하는 성품이다." 라고 이해하면 한없이 친근해진다. 그리고 실제로 돈이 내 손안에 쥐어지는 느낌도 든다. 반복 학습과 훈련을 하며 인성의 낯섦과 어려움을 극복하고 상호 협력하여 모두 다 돈도 벌고 성공하자!

　단지 익숙해질 때까지 조금만 참으면 모든 게 이루어진다. 지금 이 순간부터 인성과 평생 친구가 되기를 맹세하면 더욱 좋다.

한무룡

제1부

인성은 엘도라도

제4장 인성교육 맛보기

제2부

인성의 노래

제1장 인성의 노래

제2장 이론의 노래

제5장　희망의 노래

☞ 유튜브에서 '한무룡' 저자를 검색하면, 이 책에서 미처 소개하지 못한 인성에 관한 나머지 6개의 강의도 들을 수 있습니다. 관련 내용과 연관 지어 반복 학습하면서 '인성교육 지도자'를 목표로 해도 좋겠습니다.

그렇다면 '성공의 습관'이나 '성공의 비결'과 '인성'은 어떻게 다른가 하는 의문이 생길 수 있다. 관련된 몇 권의 책을 단순히 읽으면 지식이 된다. 대신 그 속에서 중요하게 생각되는 몇 가지 과제를 정해 시간 나는 대로 마음속에 새기고 다짐하며 시행도 해보면서 마음의 근육으로 만들면 그게 바로 인성이다.

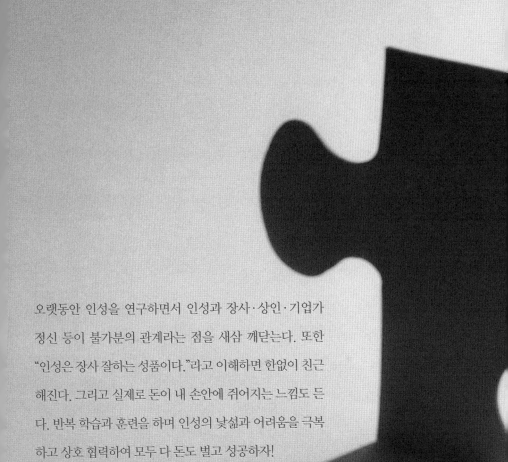

오랫동안 인성을 연구하면서 인성과 장사·상인·기업가 정신 등이 불가분의 관계라는 점을 새삼 깨닫는다. 또한 "인성은 장사 잘하는 성품이다."라고 이해하면 한없이 친근해진다. 그리고 실제로 돈이 내 손안에 쥐어지는 느낌도 든다. 반복 학습과 훈련을 하며 인성의 낯섦과 어려움을 극복하고 상호 협력하여 모두 다 돈도 벌고 성공하자!

성공하는 습관,
황금알을 낳는 비결이
인성이다

제1부

인성은 엘도라도

인성과 성공은 형제다.

인성이 있는 곳에 성공이 있고,

성공이 있는 곳에 인성이 있다.

제1장

황금도시의 탄생

인성이란 도대체 무엇인가?

인성이 아무리 이론적으로 쉽고, 성공과 형제간이며 황금광이라 해도 "인성이란 무엇인가?"를 우선 시급히 정의해야 한다. 사회적으로 뚜렷하게 정해진 게 없어서다. 그런데 이 질문은 아이로니컬하게도 너무 쉬워서 오히려 어렵다. 전 국민이 다 알고 있다는 식으로 정의가 많다 보니 하나를 정하기가 어려운 것이다. 독자들도 이미 몇 개는 갖고 있을 것이다.

"인성이란 무엇인가?"는 "인생이란 무엇인가?"라는 질문과도 비슷하다. 철학자나 예술가들이 인생에 관해 내린 정의를 모으면 몇 권의 책이 될 것이다. 여기에 일반인의 각자 의견까지 더해진다. 인성도 사람에 관한 것이라 정의가 많을 수밖에 없다. 더욱이 똑같은 정의라도 질문을 받는 장소와 분위기에 따라 달라지거나 변할 수 있다. 그러면 정의의 숫자는 더욱더 늘어난다. 하지만 많은 사람이 공감할 수 있는 최소한의 기본적인 정의가 필요함은 당연하다. 인성교육은 '인성의 정의'로부터 시작하기 때문이다.

사전은 인성을 "인간의 성품"이라고 너무나 간단하게 풀이한다. 이는 인성의 정의가 다양하니 별도로 관련 책을 보라는 풀이라고밖에 볼 수 없다. 실제로 이 풀이로 인성을 다 알았다고 하기도 어렵다. 여기에 조금 더 살을 붙인 해석도 마찬가지다. 인성에 관련된 많은 책에서도 이러한 이유 때문인지 대부분 인성에 관한 확실한 정의를 잘 내리지 않는다. 한 저자는 외국서 유학한 유명한 교육학자여서 은근히 정의를 기대했었다. 그분의 힘을 빌려 많은 정의들을 정리하고 싶어서였다. 하지만 아쉽게도 정의로만 한 권의 책이 필요하여 다음 기회로 미룬다며 정의 없이 책을 시작하고 끝을 맺는다.

필자도 지난 20여 년 동안 인성을 연구하면서 인성에 관한 정의로 수십 가지 이상을 정했다가도 내외부적인 영향으로 그때그때 변경했음을 인정한다. 독단적인 정의는 아무리 옳다고 해도 주위에서 인정받기 어려울 뿐 아니라, 너무 강하게 고집하면 상대방이 인성에 관해 지닌 고정관념이 무너지며 혼선을 주어 인성교육에 오히려 흥미를 잃는 역효과를 낼 수 있다. 하지만 앞에서 지적한 바처럼 많은 분이 공감할 수 있는 최선의 정의는 시급히 내려야 한다. 비록 내리는 순간 변하더라도 말이다.

그러므로 "이것이 인성이다."라는 확고한 신념에서가 아니라 "시대나 환경이 어떤 인성을 원하는가?"를 기준으로 정의를 해볼 수밖에는 없다. 물론 시대나 환경이 달라지면 정의가 달라질 수 있음을 전제로 한다. 이를 위해 두 가지 기준을 정했다. 하나는 경험에서 얻어진 정의이며, 하나는 시대적인 정의다. 경험을 기준으로는 "'생활의 지혜'가 반복 학습과 훈련으로 몸에 밴 상태"라고 정의했다. 또한, 시대를 기준으로는 21세기 경제 최우선 시대에 경제의 주역인 기업에서 요구하는 "'기업가나 상인 정신'이 몸에 밴 상태"라고 했다.

이제 인성의 정의를 내렸으니, 인성의 금맥은 어디에 묻혀 있고 어떻게 캐내며 보급되고 있나 하는 상황을 알아볼 차례다. 그런데 현재 인성이나 인성교육은 안타깝게도 입시 위주 교육에 밀려 주요 관심사 안에 들지 못한다. 이런 모순된 상황일수록 잘 살피고 넘어서면서 인성을 내 것으로 만들도록 노력해야 한다. 또한, 그렇게 하는 수밖에 없다.

노래를 잘 부르기 위해 가요 학원에 등록했다는 즐거운 심정으로 도전하면 효율성은 더욱 높다.

☞ "인성이란 도대체 무엇인가?" 유튜브
(https://youtu.be/d8Tu5YuQ5PY) 7:33

인성 금맥 현황표

현재 우리나라의 교육 형태는 분명 인성을 위주로 하는 교육은 아니다. 흔히 말하는 암기와 입시 위주의 교육이다. 인성교육보다 장점이 많아서가 아니라 그냥 관습이나 당장 시급하다 여기는 주위의 요구에 의해서다. 그러니 이러한 여건들을 이겨내기 위해 더욱 현재 상황을 잘 살펴야 한다.

사회적으로 오랫동안 군림해온 입시 위주 교육의 위세와 권위로 내로라하는 사회지도자나 교육학자들도 인성을 중시하는 '교육혁신'이라는 말을 쉽게 꺼내지 못한다. 꺼낸다고 하더라도 시행도 해보기 전에 용두사미龍頭蛇尾가 된다. 국가의 미래를 위해 교육제도를 바꾸자고 하면 처음에는 새로운 사실인 것처럼 언론에 몇 번씩 보도된다. 하지만 얼마 못 가 금방 잊힌다. 손과 발에 무지막지한 족쇄라도 찬 듯이 온 국민이 입시 위주 교육의 영향권에서 결코 벗어나지 못한다. 마치 강줄기의 흐름을 맨손으로 바꾸는 일처럼 어렵다. 그러나 이는 물리적인 강이 아니라 마음의 강이므로 얼마든지 혁신할 수 있는데도 잘 안 된다. 정성과 노력이 미진하다는 이유 외에는 없다.

인성과 인성교육은 조직에서 왕따를 당하는 처지와 비슷하다. 평상시에는 다른 조직원처럼 똑같은 대우를 받는 것처럼 보인다. 인성교육의 중요성과 필요성이 입시 위주의 교육과 똑같은 차원에서 강조된다. 어쩌면 그 이상의 대우를 받는 것 같다. 각종 사회 문제로 인하여 장시간에 걸쳐 조명 받을 때도 있다. 인성과 인성교육이 모든 사회 문제의 해결책이라며 언론에서 집중적으로 보도할 때다. 이때 교육개혁의 시발점이 될 것이라며 주위에서 호응하면 새로운 교육 시대가 올 것이라는 희망도 부풀려진다. 하지만 입시 위주 교육이 한번 놀아보라고 판을 깔아 준 것에 지나지 않는다. 재롱 잔치(?)가 끝나고 판을 거두면 언제 그랬냐는 듯이 인성과 인성교육에 관한 말이나 분위기는 현장에서 사라진다.

그리고는 기약 없이 다음 기회를 기다리지만 그게 언제 올지 아무도 모른다. 그때까지 다시 제대로 기 한번 펴지 못하고 지낸다. 외부에서 교육 전반에 관한 시찰 목적으로 손님이 온다면 대표로 추천받는다. 겉모습은 번지르르해 앞에 내세우기 좋아서다. 하지만 인성과 인성교육의 속은 상처받고 곪아 터져서 제대로 서 있기조차 힘든 상태다. 인성교육은 정말로 없어서는 안 될 정도로 중요하고 필요하지만, 별 대책 없이 멸종위기에 놓여 있는 동식물과 같은 처지에 있다고 해도 과언이 아니다.

대통령으로부터 대학 총장을 비롯한 사회지도자나 저명인사 중 인성교육의 중요성이나 필요성을 한 번 이상 언급하지 않은 분은 없다. 역시 곧 개혁이 이루어지고 시행될 것만 같다. 하지만 모두 입시 위주의 교육을 받고 사회에 나와 기득권층이 된 사람들로서 현재 교육의 잘못을 구체적으로 알아차리기 어렵다. 남들이 잘못되었다고 하니, 따라서 잘못된 줄로 알고 있을 뿐이다. 문제를 지적하기는 쉬우나 개선에 관한 아이디어나 해결책을 내기는 어려운 것이다. 또한, 오랫동안 입시 위주 교육 환경에 전 사회가 지배를 받다 보니 익숙해지고, 익숙해지면 조그만 변화라도 하기 싫어진다. 몰라서 못 하고 알아도 못 한다. 우리 모두의 잘못은 아니나, 잘못을 알고도 개선하지 않는 것은 정말로 큰 잘못이다.

　이것이 겉보기와 다른 현재의 우리네 인성의 금맥 현황표다. 하지만 '지피지기 백전불태知彼知己百戰不殆'라고 했다. 인성 부족은 취업을 비롯하여 인생 전반에 걸친 손해로 둔갑하여 나와 우리 자녀 나아가 기업과 국가로 돌아온다. 그러니 무슨 수를 쓰더라도 현 상황을 타파하고 반드시 이겨내야 한다. 고군분투孤軍奮鬪라는 말이 참으로 이런 경우라 하겠다. 우선 인성과 친해지기부터 시도해보자.

인성은 구구단

구구단을 모르는 사람도 없고 잘 못 하는 사람도 없다. 매일 쓰지 않는 날도 없다. 배우지 않았어도 스스로 깨우친 사람도 많다.

경영학의 아버지라 불리는 피터 드러커Peter F. Drucker, 1909~2005 박사는『피터 드러커 미래경영』(청림출판, 2013)에서 인성의 기본 요소인 '습관'을 가리켜 '실행 능력'이라고 불렀다. 그리고는 "이론적으로는 7세 어린아이라도 이해하는 데 전혀 어려움이 없다. 다만 6×6=36이라고 무의식적으로 답을 내기 위하여 무수히 외웠듯이 지겨울 정도의 반복 훈련이 필요하다."라고 하였다.

$$6×6=$$

예시 1. 어려서부터의 반복 훈련으로 위의 수식을 보고 마음에 36이라는 답이 나와 있지 않은 사람은 없다. '미소' 하나라도 이같이 표현되기 위해서는 무수한 반복 훈련이 필요하다. 다음 〈예시2〉를 절대 답을 내지 않겠다고 3번 이상 마음속으로 다짐한 뒤 바라보자.

9 9

예시 2. 곱셈 표시가 없는 데도 불구하고 구구단을 외웠던 습관에 의해 다른 부호보다는 곱셈 표시가 우세하게 작용하여 9X9=81이나 2X9=18이라는 답이 마음속에 가장 먼저 자리를 잡는다. 이처럼 인성도 자신의 기분이나 여건, 주위에 여러 가지 변수가 생겨도 이에 상관없이 저절로 표현되고 행동으로 나타나야 한다.

6을 여섯 번 더하는 수식은 '6+6+6+6+6+6=36'이다. 이를 하나씩 더하기보다 좀 더 빠르게 계산하는 방법은 6을 두 개나 세 개씩 묶어서 계산하는 방법 등 여러 가지가 있다. 하지만 평소에 구구단을 외웠던 사람은 '6×6=36'이라고 어떤 방법보다도 빠르고 정확하게 답을 낸다. 좀 더 발전하여 응용력까지 생기게 되면 '6+9+3+9=' 같은 경우에 처음의 6과 세 번째의 3을 더해서 9 세 개를 인위적으로 만들어 '9×3=27'이라고 답을 내기도 한다.

이처럼 '습관'도 지속적인 반복 훈련과 실습으로 '인성'으로 성숙시켜야 한다. 그러면 구구단처럼 '성공'이라는 답을 쉽고 빠르게 찾아낼 것이다. 그러므로 인성은 태권도 초단은 따야겠다는 그런 마음가짐으로 임해야 하며, 또한 평생 훈련을 지속해야 함은 불변의 법칙이다.

인성이 구구단과 유사한 점이 많음을 보고 친해질 수 있겠다. 실제로 인성은 우리 생활 속에 친구처럼 노래처럼 늘 같이 있었다. 이제부터 더욱 친해지면 된다.

인성도 의무야?

"사람은 사회적 동물이다." 고대 그리스의 철학자, 아리스토텔레스
Aristoteles, BC 384~322가 한 말이다. 서로 도와가며 살아가야 하므로 공동
체를 위한 개인의 희생도 필요하고 하기 싫은 일도 해야 한다. 이게 싫거
나 잘 안되면 사회 생활하기 어렵다. 대신 산속에 들어가 혼자 살면 된다.

이 말뜻을 모르는 사람은 없다. 하지만 알고 있는 것과 행동하는 것은
별개다. 대부분이 알고 있다는 선에서 그치는 점이 문제다. 그러다 '협력'
등 진짜 인성을 발휘해야 할 때는 뒤로 빠지거나 무시한다. 동참하더라도
억지로 한다. 무조건 하기 싫다거나 자신의 비위에 맞지 않는다는 것이
이유다.

"사회생활 하는 데 남을 배려하는 것이 필요하다."라고 하면 "왜, 그렇
게까지 하면서 살아야 하느냐?"라고 반론을 제기하는 사람이 있다. 베풀
기만 하면 상대방은 당연한 권리로 받아들여 싫다고 한다. 하지만 배려하
지 않는 공동체는 무너진다. 그러므로 인성을 그냥 의무라고 생각해야 한
다. 남과 상관없이 나만 지키면 된다. "주위에 잘못한 사람이 많다고 내

잘못의 면죄부가 되지 않는다."라는 말을 상기하면서 말이다.

고객이 마음에 들지 않는다고 '고객사랑'이나 '고객 배려'를 그만두면 나만 손해다. 물론, 개인적인 일로 생기는 감정에 치우치거나 좌우되어서도 안 된다. 인성은 '성과와 실리'가 목적이다. 본인이 의도하지 않았더라도 내 생각과 행동이, 나는 물론이고 다른 사람의 성과와 실리에 영향을 끼친다. 그러므로 학습하며 훈련하고 의무적으로 시행해야 한다.

미국에서 유학한 교수에게 들은 얘기 중 관련 사례가 하나 있다. 알고 지내던 백인 의사가 병원 내에서 흑인 의사와 함께 근무하는데 업무적으로는 영화에서 보는 것처럼 상당히 협조가 잘 되어 흑백 문제는 거의 없어 보인다. 그런데 퇴근 후에는 서로 연락하거나 만나는 일 없이 모르는 사람처럼 행동한다고 한다. 흑인에 관한 개인적 편견은 업무 시간에는 중요치 않으며 영향을 줄 수 없지만 주어서도 안 된다는 생각에서다. 다만 자기에게 주어진 업무를 성실하게 수행할 뿐이다. 인성은 실용적인 의무이지, 도덕적인 의무는 아니다.

어느 조직이나 조직의 일에 사사건건 반대하며 어깃장을 놓는 일을 타고난 사람이 있다. 그런 사람이 정말로 좋은 의견을 냈을 때 동조하기 어렵다. 화합이 깨지는 일반적인 원인이다. 이럴 때 이 의사처럼 개인의 생각이나 감정에서 초연해야 한다. 업무의 '성과나 이익'을 위해서다. 물론 쉽지 않다. 학습과 훈련으로 인성이 되어야 비로소 가능하다. 이를 계기로 그 조직원이 협조적으로 바뀌면 일석이조—石二鳥가 된다.

기업이나 사회의 모든 조직은 성과와 실리가 발생하지 않으면 존재 이유가 없고 존재할 수도 없다. 자연히 거기에 속한 조직원도 필요가 없어진다. 그러면 개인적으로 생활비를 벌지 못한다. '성과와 실리를 거두게 하는 인성'은 결국 '먹고사는 기술'이다. 그러므로 국민의 5대 의무에 더하여 6대 의무라고 해도 별 무리가 없을 것이다.

어떤 분은 지금까지 별도의 인성 학습 없이도 잘 살아왔다고 자신 있게 말한다. 누가 보아도 성공했다고 할 만한 사람이라 더욱 그럴 수 있다. 하지만 인성을 학습하고 훈련했다면 지금보다 몇 배는 더 크게 성공했을 것이란 점이 간과되었다. 개인이라면 그냥 좋은 기업에 취업한 정도가 아니라 스카우트 대상이 되어 몇 개의 기업에서 항상 자기 회사로 와서 같이 일하자고 간곡히 부탁받는 사람이 된다. 기업을 운영하고 있다면 지금보다 회사가 몇 개 이상이 될 수 있다. 이를 원하지 않는 사람은 없다. 이렇게 되는 방법은 너무나 간단하다. 인성 학습과 훈련을 의무라고 생각하느냐 아니냐의 차이다. 생각의 차이로 장래의 직장에 관한 걱정이 없어진다. 사업의 확장으로 더 많은 사람에게 몇 배의 일자리를 제공하고 국가 경제 발전에 이바지할 수 있다는 사실은 굉장한 일이다.

《매일경제》에 실린 장은수 편집문화실험실 대표의 '수능을 마친 청년들에게'(2020.12.05)라는 글에 인성의 진정성이 담겨 있다. "인생은 시험과 다르다. 문제는 끝없이 던져지지만, 준비된 답으로 해결할 수 있는 경우는 드물다. 인생에는 기존 규칙, 즉 정답이 증발하는 바람에 '길 없는 길'을 선택할 일이 자주 벌어진다. … 시험은 끝났다. 이제 우발성으로 가득한 세계에서 각자의 자유로 좋은 삶을 이룩해가야 할 시간만 남았다."

말 그대로 이 세상은 문제와 답이 정해져 있는 것이 아니다. 너무 다양하여 정신을 못 차릴 정도다. 이를 해결할 능력이 있다면 세상 살기는 쉬울 것이다. 이런 능력이 존재하는가? 있으면 좋겠다. 바로 '인성'이다.

성공은 타고난다? 아니다!

　미국에서 20세기에 가장 성공한 사람으로 '헨리 포드'와 '토머스 에디슨'이 빠지지 않고, '파이어스톤'도 이에 낀다. 세 사람 모두 나이도 비슷하고 교육을 제대로 받지 못했으나 각자 자기 분야에서 크게 성공했다는 공통점이 있다. 특히, 세 사람은 자주 모여 경영에 관해 의견을 나누며 친분을 쌓은 것으로도 유명하다.

　헨리 포드Henry Ford, 1863~1947는 1903년 세계 최초의 양산 대중 차인 포드 T 모델을 제작함으로써 저렴한 가격으로 누구나 자동차를 타는 시대를 열었다. 세 사람 중에 가장 돈을 많이 벌었다. 토머스 에디슨Thomas Alva Edison, 1847~1931은 발명가이자 사업가다. 세계에서 가장 많은 발명품을 남긴 사람으로 1,093개의 특허를 갖고 있다. 전구의 발명으로 도시의 밤을 환하게 했으며, 가정마다 전기가 들어오게 하여 생활에 혁명을 가져왔다. 영화도 에디슨의 작품이다. 하비 새뮤얼 파이어스톤Harvey Samuel Firestone, 1868~1938은 자동차 타이어 회사인 '파이어스톤'을 창업했다. 좋은 타이어가 없었으면 자동차 산업도 예상보다 한참이나 늦게 발전했을 것이다.

우리는 일반적으로 성공은 정상적인 가정에서 교육을 제대로 받고 사회로 나온 사람들의 전유물이라고 생각한다. 실제로도 그런 사례가 많다. 그러므로 위의 삼총사는 일반적인 기준으로 생각하면 의외다.

사람의 일생은 대략 비슷하다. 누구나 어머니 뱃속에서 약 10개월 정도 있다 세상 밖으로 나온다. 적령기가 되면 초·중·고등학교를 나와 곧바로 사회에 진출하기도 하고, 대학에 진학한다. 사회에 나와서는 취업을 하든지 창업을 한다. 하지만 생의 중간이나 마감할 때쯤 평가를 한다면 각자 크게 차이가 난다. 물론 한 사람의 일생을 어떤 기준을 두고 일괄적으로 평가할 방법은 없다. 대신에 많은 사람이 인정하는 기준으로 본 성공과 실패는 있다. 본인을 포함하여 가족 중에 건강에 문제가 없고, 노후를 걱정하지 않을 만큼의 재산을 모았다면 일단 성공한 축에 속한다. 더하여 기업체를 운영하여 후손에까지 물려줄 정도라면 한 단계 높게 성공한 사람이다. 그런데 성공한 사람 중에는 부모가 일찍 돌아가시거나 가정 형편이 어려워 학교를 제대로 못 다닌 예도 아주 흔하다. 배운 게 없으니 세상에 나가 할 일도 없고 자기를 고용하겠다는 업체도 없다.

위의 세 사람은 이런 난제를 뚫고 세상에 우뚝 섰으니 대단하다 하지 않을 수 없다. 성공할 수 있는 '성공의 습관'이나 '성공의 비결'을 아예 타고 난 사람들이다. 성공의 기질이다. 이들은 제대로 학교에 다닌 적이 없으니 학교에서 배운 것은 아니다. 관련된 책을 읽거나 익혔다는 기록도 없다. 베토벤Ludwig van Beethoven, 1770~1827이나 모차르트Wolfgang Amadeus Mozart, 1756~1791는 남다른 음률 감각을 지니고 태어났다. 4살 때 벌써 피아노를 연주하고 소품이지만 작곡까지 했다. 성장하면서 더욱 많이 배우고 익힘으로써 음악성이 발전하고 풍부해져 전 인류가 즐기고 위로받는 불멸의 명곡들을 남겼다. 일반적인 천재성은 평균적으로 백만 명 중 한 명 정도의 비율로 나타난다고 한다. 베토벤이나 모차르트는 좀 더 희귀하니 천만이나 일억 명 중 한 명일 수도 있다. "축복받은 사람은 태어날 때부터 열정을 가지고 있다."라는 말도 있다. 헨리 포드를 포함한 삼총사도 천재적인 사업 감각과 성품을 타고 태어났다. 호기심, 열정, 인내심, 리더십, 적극적인 사고방식 등 좋은 인성이 몸에 밴 상태로 태어난 것이다.

평상시에 좋은 습관이나 비결에 따라 말하고 행동하면 그것이 곧 인성이며 나아가 성공이다. 더욱이 인성을 지닌 사람은 무슨 사안이든지 남보다 빨리 배우고 익힌다. 다른 사람의 자발적인 도움을 유도하여 자신을 성공시키고 어려움이 닥치면 이겨나가게 한다. 하지만 보통 사람이 아무리 노력해도 베토벤이나 모차르트가 될 수는 없다. 이는 어쩔 수 없는 현실이다. 마찬가지로 타고나지 않은 사람이 '성공의 습관'이나 '성공의 비결'에 관한 책을 읽고 따라 한다고 해서 그들을 쉽게 쫓아갈 수 없다. 에디슨은 "천재란 1%의 영감과 99%의 노력이다."라고 말했다. 하지만 이는 천재성만 믿고 노력하지 않으면 결실이 없다고 경고한 것이지, 타고난 천재성을 부인한 말은 아니다. 99%가 아니라 120% 노력해도 안 되는 사람도 있다.

중간에 관련 책을 보거나 강의와 충고를 듣고 생활이 180도 바뀌며 뒤늦게 성공하는 사람도 있다. 뒤에서 이야기할 성공하는 사람의 인성 중 두 번째의 경우다. 하지만 이들도 알고 보면 그러한 능력이 그동안 잠자고 있어 계발이 안 되었을 뿐이다. 이 잠재되었던 능력이 중간에 깨어난 것이다. 고생을 많이 하고 성공한 일부 사람들도 마찬가지다. 역시 이들도 성공에 관한 한 천재성을 지니고 태어난 사람이라 할 수 있다. 같이 고생한 사람 중에 어떤 사람은 고생했던 상태 그대로 평생 산다. 고생이 지혜가 되고 지혜가 인성이 되어야 하는데, 타고난 인성이 빈약한 사람은 성공의 사다리 위로 올라가도록 떠받쳐주지를 못한다.

어머니 뱃속에서 이미 성공과 실패가 갈리는 것이다. 어려서부터 말하고 행동하는 것이 다르다. 될 성싶은 나무는 떡잎부터 알아본다고 한다. "어디에 갖다 놔도 밥은 굶지 않겠다."라는 말을 듣는 어린애가 있다. 말과 행동이 다른 애들과 확연히 차이가 난다. 이런 아이는 다른 애들과 사귀는 것을 겁내지 않는다. 오히려 즐긴다. 특히 처음 본 애들한테도 먼저 다가가 자기소개를 하고 금방 친해지며 같이 논다. 아이를 놀이터로 데리고 나온 부모한테도 뛰어가서 깍듯이 인사를 한다. 그 부모에게 같이 놀아도 되느냐고 사전 허락까지 받는다. 누가 시키거나 배운 적이 없으며, 배운다고 되는 일도 아니다. 성공은 대인관계가 좌우한다고 하는 데 어린아이지만 "대인관계란 이런 것이다."라며 마치 시범을 보이는 것 같다. 반대로 수줍음을 심하게 타는 애도 있다. 수줍음을 잘 타는 아이는 사회에 나가 대부분 실패한다는 얘기가 아니라 성공의 기회는 그만큼 줄어들 것이다.

"성공은 타고 태어나는 것이다."라고 이렇게 확정 짓는 것은 그렇지 못한 사람에게 성공은 시도조차 아예 말 것을 경고하기 위해서는 아니다. 많은 사람이 지금까지 나름대로 열심히 노력했음에도 불구하고 성공에 외면받으며 평범하거나 그 이하로 산다. 그분들에게 종래의 방법에서 벗어나 쉽고도 확률 높은 성공 비법에 도전하기를 바라는 마음에서다. 이미

34

성공의 기질을 갖고 태어난 사람과 똑같이 한다면 성공 확률은 낮을 수밖에 없다. 지금까지와 다르게 해야 한다.

앞서 얘기한 대로 성공하는 사람의 '인성'을 정리하면 세 종류로 나뉜다.

첫 번째, 타고 난다.
두 번째, 중도에 계발된다.
세 번째, 평생 반복 학습으로 형성한다.

사람이 살면서 성공의 기회는 세 번 찾아온다고 하였다. 그러나 인성을 갖춘 사람에게는 수시로 찾아온다. 인성을 갖추면 주위 사람들이 자발적으로 도움을 준다. 많은 사람이 기회를 가져다주고 도움을 주니 성공 확률이 그만큼 높아지고 성공이 쉬워지는 것이다. 하지만 어느 정도 저절로 성공하는 첫 번째와 두 번째를 빼고 세 번째에 해당하는 사람이 대부분을 차지한다. 첫 번째와 두 번째는 타고난 자질로 조금만 열심히 하면 성공을 쉽게 이루지만, 세 번째는 인성 학습을 더욱 지독히 열심히 해야 하며 그래도 성공을 이루지 못하는 예가 더 많을 수 있다.

물려받은 약간의 인성에 더하여 학습으로 인성을 갖춰 성공하려 하지만 말처럼 쉽지 않다. 단순 학습만으로 인성을 형성하기가 그만큼 어려운 것이다. "열정을 가지면 성공한다."라는 말을 아무리 반복해서 자기 암시를 주면서 학습하고 훈련해도 '열정'이 몸에 쉽게 배지 않는다. 그래서 노력을 포기하게 되고, 말 그대로 평범하거나 그 이하의 삶을 살기 쉽다.

성공하려면 우선 자기가 세 유형 중에 몇 번째에 속하는가를 정확하게 알고 대처할 필요가 있다. 세 번째라고 해도 실망할 필요가 전혀 없다. 세 번째도 나름대로 방법이 있어 성공하는 데 아무런 지장이 없다. 세 번째도 미미하지만 어느 정도의 기본 인성은 갖고 태어난다. 첫 번째나 두 번째와 급이 다를 뿐이다. 이는 어쩔 수 없다. 키가 큰 유전자를 갖고 태어난 아이가 뛰어난 농구선수가 될 확률은 높다. 그렇다고 작게 태어난 것을 원망해봐야 아무런 소용이 없다.

이제 평범하거나 그 이하인 사람이 성공할 수 있는 비결을 이야기하려 한다. 성공한 사람에 비해 자기의 인성이 모자란다고 생각하면 눈처럼 뭉치면 된다. "뭉치면 살고, 흩어지면 죽는다."라는 말이 있다. 돈도 각자 푼돈을 갖고 있을 때는 별 힘을 발휘하지 못한다. 하지만 은행으로 한꺼번에 모여 목돈이 되면, 빗방울이 시냇물이 되고 강물과 바다가 되듯이 축구장보다 큰 공장이 생기고 세계적인 기업이 만들어진다. 마찬가지로 열 사람 백 사람이 모이고 가진 인성을 조금씩 모으면 얼마든지 그런 위력을 발휘할 수 있다.

그런데 여기서 난관이 있다. 각자 지닌 인성을 십시일반+匙一飯으로 모으기가 정말로 어렵다. "뭉치면 살고, 흩어지면 죽는다."라는 말이 자주 거론되는 것도 특이나 우리나라 사람에게 뭉치는 일이 생각보다 어려우니 그렇다. 이 점을 살피고 이해하면 인성과 인성교육 문제 해결에 가장 큰 도움이 될 것이다. 그러면 성공의 문도 자연히 열린다.

너무 똑똑해서 손해

스위스 취리히 대학의 한 논문에 실린 국민소득과 성장에 대한 민족 IQ의 연관관계를 조사한 리포트2021를 보면 한국인이 평균 106점으로 1위다. 몇몇 다른 나라 조사 기관에서 시행한 조사에서도 항상 1, 2위다. 정확도나 조사 방법에 조금씩의 차이가 있겠지만 세계에서 최상위인 것만은 틀림없다. 기능올림픽에서의 연속 제패로 손재주도 세계에서 1위임을 인정받은 지 오래다. 당연히 다른 민족보다 좋은 의견이나 아이디어가 많을 수밖에 없다. 협력만 잘하면 여러 방면에서 세계적인 성과를 내기가 너무나 쉽고도 확실하다. 하지만 무슨 분야든지 지나치면 오히려 화근이다.

우리 민족은 머리와 손재주가 뛰어나서 그런지 몰라도 대체로 자기 의견이 강하고 상대방을 잘 인정하지 않는다. 좋게 보면 지조나 신념이 강하다고 할 수 있다. 하지만 조직의 모든 사람이 자기 의견이 더 낫다거나 옳다고 주장하면 의견을 일치하기가 매우 어렵다. 정말 배가 산으로 간다. "구슬이 서 말이라도 꿰어야 보배"라고 했다. 좋은 아이디어가 바닷가 모래알처럼 많아도 성과로 이어지지 않으면 실제 모래알보다 쓸모는 못하다. '승자의 저주'에라도 걸린 듯이 경제력이나 교육 환경 등에서 우리에게 뒤떨어진 저개발 국가보다 못한 분야가 너무나 많은 사실이 이를 확실하게 증명한다. 자기주장이 강해 화합이 잘 안 되다 보니 일이 제대로 추진되지를 못해 성과가 뒤떨어진 것 외에는 그 원인을 찾기 어렵다. 우수한 선수가 많은 팀이 자칫 우승권과는 거리가 먼 것과 같은 이치다.

더욱이 예전으로 갈수록 혼자 연구하는 과제가 많았다. 그러나 오늘날은 과제의 양이 많고 복잡하여 어떤 연구도 혼자 할 수 없다. 몇 개 대학이나 국가 간에 특성을 살린 협업 형태의 연구가 흔해졌다. 노벨상 수상자도 예전엔 혼자였지만 요즘은 같이 연구한 여러 명과 각각 다른 국가의 이름이 오른다. 협업 능력이 지식이나 기술 못지않게 목표 달성에 필수 요건이 된 것이다. 첨단을 향해가는 AI 등의 분야에서도 가장 필요한 요소로 '협력'이 꼽힌다. 물론 아무리 시대가 바뀌어도 자신의 주장을 강하게 내세워야 할 때는 있다. 하지만 상대방 의견이 좋을 때는 내 의견을 미련 없이 버리고 상대방을 따를 줄도 알아야 한다. 그런데 이것이 쉽지 않다. 그래서 평소에 인성을 학습하고 훈련해야 한다. 유대인처럼 평생 하면 더 좋다. 딴 이유는 없다. 순전히 '성과와 이익'을 위해서다.

"오늘의 좋은 의견이 내일의 완벽한 의견보다 낫다."는 미국 조지 S. 패튼George Smith Patton Jr., 1885~1945 장군의 말이다. 적의 선제공격으로 패하고 난 다음 날 세워진 완벽한 작전계획서는 아무 소용이 없다는 말이다. 삶도 전쟁이다. 좋은 의견을 제시하는 사람이 주위에 지나치게 많으면 그들의 의견을 일일이 듣고 취합하는 데만 해도 시간이 모자란다. 의견을 내기 위해 의견을 내는 사람도 있다. 그러니 무슨 일이든지 계획을

38

세우고 시행하기가 어렵다. 그러다가 의견이 비슷한 사람끼리 모이면서 파派를 형성한다. 각 파의 의견이나 주장이 더욱 강해진다. 누가 봐도 무리가 있거나 틀렸는 데도 고집스럽게 주장하는 예도 많다. 겉으로는 사심 없이 더 좋은 의견을 구하기 위해 진정으로 노력하는 것처럼 보인다. 하지만 개인이나 자기가 속한 당파의 권력과 이익을 위하는 경우가 더 많다. 이보다 똑똑함이 가져다주는 병폐는 없다. 똑똑함이 지나쳐 오만함이라고밖에 하지 않을 수 없다. 하지만 결국은 우둔愚鈍한 처사가 되고 만다. 차라리 처음부터 바보스러운 행동이 더 바람직할 때가 많다. 이래서는 시간을 다투는 전쟁에서 이길 수 없다.

장준하張俊河, 1918~1975 선생이 해방 후 임시 정부의 요인들이 귀국할 때마다 마중을 나갔다가 그분들이 하는 말을 듣고 탄식하듯이 말했다. "한 분당 정당 하나씩 생기겠군!"이라고. 실제로 해방 직후 무려 76개의 정당이 생겼다. 상대방보다 내 생각이 현저히 앞서가니 창당할 수밖에 없다. 이분들의 마음은 순전히 애국애족한다는 정신이지 절대 나쁜 뜻은 아니다. 하지만 사분오열四分五裂로 결과가 나쁘다면 차이는 별로 없다.

지난해2021 우리나라 중앙선거관리위원회에 정식으로 등록된 정당 수는 43개다. 앞으로 창당을 준비하고 있는 정당은 2021년 2월 4일 기준으로 7개나 된다. 합치면 무려 50개다. 조선 시대의 사색당파四色黨派도 세분하면 12갈래로 갈린다. 실제로는 더 많다. 이 분야에서 세계 1위다.

비록 국토는 작지만, 세계 최초라는 발명품도 꽤 여럿 있는 정말로 똑똑하고 잘난 점이 많은 민족이다. 우리나라를 가리키는 삼천리 금수강산은 세계에서 가장 약효가 뛰어나다는 고려인삼이 나는 땅이다. 사람 몸의 70%를 차지하는 먹는 물도 세계에서 가장 좋다. 여기서 재배되는 각종 먹거리를 먹고 자라니 전 국민의 머리가 자연히 좋을 수밖에는 없다. 자신이 생각하는 존재가치도 높다.

만일 자기 의견이나 주장을 쉽게 버린다면 수십 개의 의견이 제안되었더라도 점점 줄어들어 금방 두세 개로 정리되고 종국에는 한 개로 통일된다. 그리고 일을 빨리 처리할 수 있다. 하지만 실제로는 두세 개의 의견이라도 새끼 치듯이 자꾸 불어난다. 여기에서 벗어나려면 어떻게 할 것인가?

우선 기본적으로 자기 의견을 75% 정도 주장하고 남의 의견을 25% 인정하는 자세를 취한다. 이 정도만 해도 웬만한 문제는 협업이 잘 되어 분쟁 없이 제대로 해결된다. 그렇게 습관이 되다 보면 자신의 75%마저도 상대방한테 양보할 수 있는 여유가 생긴다. 이것이 성공의 비결이다. 자신을 포기하고 헌신적으로 남을 도와주는 사람을 싫어할 사람은 세상에 없다.

이런 정도의 인성을 바탕으로 우선 동료와 일차로 협력한다. 다음 단계가 협력의 대가를 보상받는 방법이다. 어느 조직이나 성공할 인성^{자질}을 갖고 태어난 첫 번째나 두 번째는 반드시 있게 마련이다(☞ 35p 참조). 이들을 찾아서 의견에 따르거나 동조하고 협력한다. 당장 주위에 없어도 언젠가 그들을 만날 기회는 반드시 온다. 그들과 어울리다 보면 자신이 리더로 나설 기회도 자연스럽게 온다. 연극이나 영화에서처럼 아주 조그만 역이나 조연만 하다 어느 날 주연이 되는 것이다. 그런 날은 반드시 온다. 주인공은 기존의 유명한 배우이거나 10만 명 그 이상의 경쟁을 뚫고 뽑힌 사람이다. 준비가 안 된 상태에서 처음부터 자신을 내세우며 이를 목표로 할 필요가 없다. 실패 확률이 높아 절망에만 빠지게 된다.

그런데 일반적으로는 "아직도 한국 사회는 대화와 토론을 통해 합의점을 찾고 서로 협력하는 문화가 없다."라는 평가다. 그만큼 기본적인 인성을 지닌 사람이 적다는 이야기다. 그러므로 지금 시작해도 성공하는 인성의 세 종류 중 세 번째인 내가 얼마든지 상위권에 들 수 있으니 양보하고 협력해도 된다. 일을 시작하는 단계에서 제시된 아이디어는 지식이나 기술에서 나오지만, 완성품으로 만들어 가는 과정은 인성이 좌우한다. 비록 중하위권에 있더라도 최고의 협력자로 대우받거나 시간이 지나면서 충분히 리더가 될 수 있다.

《매일경제》의 김인수 오피니언 부장이 '흑과 백보다는 회색이 좋다'(2019.12.13)라는 제목으로 쓴 글이다. "나는 회색지대를 인정하는 실용주의자가 나라의 지도자가 되기를 소망한다. 그런 사람은 '이쪽 편도 옳고, 저쪽 편도 옳다'라고 말할 수 있을 것이다." 우리나라 현실에 딱 필요한 말이다. 버트런드 러셀Bertrand Russell, 1872~1970도 "나는 내 믿음을 위해 죽는 일은 결코 없을 것이다. 내가 틀릴 수 있기 때문이다."라고 말했다. 이 말을 기억하고 마음속에 새기면 나를 쉽게 포기하고 다른 사람에게 대폭 양보하는 게 그렇게 어렵지만 않다. 체면과 권위가 상하는 일도 아니다. 나에게 양보받은 수많은 사람이 언젠가 자기의 기회와 권리를 나에게 양보한다. 양보를 많이 할수록 기회는 더 많아진다.

『숲과 나무』(상상, 2020)의 저자인 루이지노 브루니Luigino Bruni는 "협력과 신뢰는 경제에 꼭 필요한 요소다."라고 말했다. 유대인은 IQ 검사에서 세계 순위 15위권 밖이다. 하지만 성과를 기준으로 하면 높은 IQ나 손재주를 지닌 우리 민족보다 인성을 지닌 유대 민족이 더 우수하다고 인정할 수밖에 없다.

나폴레온 힐과 프랭클린

최근 증보판이 나온 『나폴레온 힐 성공의 법칙』(중앙경제평론사, 2022)은 나폴레온 힐Napoleon Hill, 1883~1970이 지은 책이다. 전 세계적으로 5천만 부가 팔릴 정도로 국제적으로도 널리 인정받았다. 성공한 사람 약 500여 명을 인터뷰하였으며, 준비 기간도 무려 20여 년이나 걸렸다고 한다. 분량도 상당하여 900쪽을 상회한다. 한 페이지에 성공에 관한 법칙이나 비결, 충고가 적을 때도 보통 3가지 이상은 된다. 합치면 모두 2천7백 가지가 훨씬 넘는 셈이다. 그대로 따라 하면 이 세상에 성공 못 할 사람은 아무도 없다. 성공 못 하면 오히려 이상하다. 하지만 책의 내용이 훌륭하다고 해서 책 읽는 사람 모두 성공하는 것은 아니다. 더욱이 방법이나 이론이 너무 많으면 처음에 도전하기조차 어려울 수 있다.

하지만 안심해도 된다. "무릇 위대해 보이는 것도 알고 보면 기본적인 사실은 아주 간단하다."라는 말에 해당하지 않는 사안은 없기 때문이다. 2천7백여 가지에 달하는 나폴레온 힐의 주장도 축약하면 기본적인 핵심은 두 가지다.

첫째, 성공은 얼마나 기술적으로 세련되게, 재치 있게 타인으로부터 '협력'을 끌어내느냐에 달려 있다.

둘째, 책의 주요 내용을 메모해서 눈에 잘 보이는 곳에 붙여두고 수시로 읽는다.

위의 두 가지를 다시 한 줄로 간추리면 "'협력' 과제를 반복 학습과 훈련으로 인성을 만들어라."이다. 모든 성공의 비결이나 습관에서 가장 많이 강조되는 것이 '협력'으로, 나폴레온 힐도 마찬가지 주장을 하고 있다.

미국의 카네기재단Carnegie Trust에서 성공한 1만 명을 대상으로 5년간 '성공의 요인'을 질문한 자료를 보면 85%가 "대인관계"라고 답하였다. 대인관계를 잘하려는 목적은 상대방과 협력을 잘하기 위해서다. 개인이든 기업이든 서로 협력이 잘 돼야 목표를 달성할 수 있다. 결국, '대인관계'와 '협력'은 동의어라고 할 수 있다. 이를 총괄하는 것이 '인성'이다. 인성지수가 높은 사람은 대인관계나 협력이 별문제 없이 저절로 이루어진다. 방해 요소가 있어도 이를 극복하고 성과를 낸다. 나폴레온 힐도 인성을 강조하고 있다고 할 수 있다. 이제 다시 본론으로 돌아가자.

성공학 강사나 지도자를 목표로 하지 않는 한 일반인이 수백 가지 이상의 성공 비결을 이론으로 학습하고 익힐 필요는 없다. 몇 가지 과제만 반복하여 인성으로 만들어도 누구나 목표한 성공을 얼마든지 이룰 수 있다. 실제로 이런 식으로 성공한 대표적인 인물이 성공의 교과서로 불리는 『프랭클린 자서전』의 저자인 미국의 벤저민 프랭클린Benjamin Franklin, 1706~1790이다. 초등학교 2년 중퇴 학력이 전부인 프랭클린은 13가지의 과제를 정하고 이를 평생 자기화하기 위해 노력했다. 죽을 때까지 인쇄공으로 일했던 프랭클린이 '미국 건국의 아버지'나 '미국의 발전을 100년 이상 앞당겼다'라는 평을 받게 한 원동력은 손바닥만 한 작은 노트였다.

☞ "벤저민 프랭클린" 유튜브 (https://youtu.be/VqZiqPp2AIE) 6:29

<13개 과제 훈련표>

	일	월	화	수	목	금	토
절제							
침묵							
질서							
결단							
검약							
근면							
성실							
정의							
중용							
청결							
평정							
순결							
겸손							

프랭클린은 한 과제를 일주일씩 마음에 담는 훈련을 평생 시행했다. 그리고 매일 저녁에 그날의 성과가 좋았다면 빈칸으로 놔두고 잘 못 되었으면 점을 찍었다. 프랭클린은 "이 훈련은 12세 정도의 어린 소녀라도 쉽게 수행할 수 있으며, 누구나 성공하고 나아가 인류의 미래도 쉽게 변혁시킬 수 있다."라고 하였다. 개인의 성공뿐 아니라 인류의 미래도 변혁시킬 수 있다고 하였다. 성과의 굉장함을 말하고 있다.

프랭클린의 말을 더 들어보자. "이는 타고난 천성이 아니라 훈련표를 만들어 처음에는 훈련을 억지로 해 본 것이나, 나중에는 자연스럽게 되어 아주 습관이 되었다."라고 하였다. 즉, 반복적인 자기 암시 훈련으로 이론적이거나 단순한 습관을 넘어 인성이 된 것이다.

프랭클린이 자서전을 쓰게 된 동기를 보면 반복 훈련의 필요성이나 성과를 더욱 알게 한다. "내 자손들은 내가 교육을 비롯하여 여러 가지 어려운 환경에서 태어났다는 것을 잘 알고 있다. 그러므로 워싱턴 대통령과 같은 대열에 서게 된 것에 궁금증을 안 가질 수 없을 것이다. 다른 사람들의 권유도 있었지만, 이 궁금증을 풀어주기 위해서도 자서전을 써야겠다고 생각했다."라고 했다. 자서전에서도 13개의 과제를 정하고 평생 반복해서 마음에 담는 훈련을 한 것이 전부라고 하였다. 프랭클린이 근대 성공학의 아버지이자 교과서라 불리는 이유다. 누구나 쉽게 따라 할 수 있는 점이 더욱 그렇게 불리게 한다. 실제로 미국이나 유럽에서 발간되는 관련 서적 중에 프랭클린에 관한 내용이 단 한 줄이라도 빠진 책은 없다.

프랭클린의 훈련표와 나타난 성과를 보면 이론적인 '성공의 비결이나 습관' 자체가 그렇게 중요한 것이 아님을 잘 알 수 있다. 무슨 과제를 정하든지 얼마나 반복 훈련을 해서 자기화하느냐에 성공이 달려 있다는 점을 명백히 보여준다. '미소, 칭찬, 경청' 세 가지만이라도 인성으로 만들면 생활이나 성공하는 데 부족함이 없다는 말이다. 가장 많이 책상 앞에 써 붙이는 "나는 할 수 있다."라는 단 한 가지라도 괜찮다. 다만, 뼈에 새긴다는 각오로 반복 훈련을 해야 한다. 그래서 항상 자신감에 차고 긍정적이며 낙천적으로 되어야 한다. 말과 행동에서 자연스럽게 과제가 나타날 정도로 반복해야 한다.

앤드루 카네기Andrew Carnegie, 1835~1919의 묘비에는 "자기보다 우수한 사람을 자기 주위에 모이게 하는 재주를 터득한 자, 여기에 잠들다."라고 씌어 있다고 한다. 카네기 철강 공장의 지배인이었던 찰스 M. 슈와브 Charles M. SchWab, 1862~1939는 "자신이 경영하는 사업을 자세히 알지 못하고 철이나 엔지니어링에 대한 기술적 지식도 전혀 없이 이런 대기업을 만들어 낼 수 있는 사람은 아마 역사상 카네기 말고는 없을 것이다."라고 하였다. 그에게 철강에 관한 지식과 기술은 전혀 없었다. 대신 인성이 있었던 것이다. 인성이 주위에 우수한 사람을 모이게 한 것이다.

『여씨춘추呂氏春秋』 '용중用衆' 편에도 나온다. "사물 가운데는 장점을 갖지 않은 것도 없고 단점을 갖지 않은 것도 없으니 사람 역시 그렇다. 그러므로 제대로 배우는 이들은 남의 장점을 빌려서 자신의 단점을 보완한다. 그리하여 남에게서 빌릴 수 있는 이들은 마침내 천하를 소유하게 되는 것이다." 마치 카네기를 두고 한 말 같다.

남보다 많이 알고 꼭 우수해야 할 필요는 없다. 더욱이 우수한 자질을 타고나지 않았는데 노력만으로 억지로 우수하게 될 수도 없다. 오히려 자신보다 나은 자질을 지닌 사람을 찾아내 그 사람과 협력하는 방법이 빠른 길인 것이다. 다만, 그런 사람을 찾고 주위에 모이도록 하기 위한 아주 기

46

본적인 마중물 같은 인성을 자신이 지니고는 있어야 한다. 조계종 총무원장인 원행 스님은 "일만 명의 생각이 모이면 하늘도 바꿀 수 있다."라고 했다. 그러므로 인성은 천하를 바꾸고 얻을 수 있는 가장 가능한 방법이자 도구라 하겠다.

앞서 성공하는 사람의 인성을 정리한 사례(☞ 35p 참조)에서 보듯, 첫 번째와 두 번째의 자질을 지닌 사람도 세 번째 경우처럼 인성을 학습하고 훈련하며 다른 사람과 협력하는 것을 중요시해야 한다. 그러면 유대인처럼 국제적인 성과를 거두는 일이 일상이 된다.

겨자씨로 황금알 만들기

"아프리카 세렝게티Serengeti 초원에서 사자와 얼룩말의 운명은 10cm 차로 갈린다. 둘 사이가 100m~200m에서 1.2m 정도의 거리로 점점 좁혀진다. 삶과 죽음이 둘 다 코앞이다. 이때가 쫓는 자와 쫓기는 자 둘 다 체력의 한계점에 도달한다. 이 거리에서 사자는 마지막 힘을 쏟고, 얼룩말은 위기에서 벗어나려 힘을 모은다. 10cm 안에 들면 잡히고 넘어서면 산다." 사자의 사냥하는 모습을 유심히 관찰한 분의 글이다. 인성의 학습도 체력의 한계점에 이르듯이 그만두고 싶을 때가 자주 온다. 그래서 어렵다. 이때 10cm 밖으로 뛰어 다음 단계로 넘어서야 한다. 그래야 성공한다. 고비를 넘지 못하면 얼룩말은 잡아먹히게 되고 사자는 가족 전체가 배고픔에 시달린다.

일반적인 기준으로 하면 에디슨의 말처럼 노력하지 않고 성공할 방법은 없다. 하지만 아무리 노력해도 기억력이 안 좋은 학생의 성적은 크게 오르지 않는다. 오히려 피곤이 쌓여 시험을 잘 보지 못해 성적이 떨어지는 사례도 있다. 그렇다고 특별한 재주가 있는 것도 아니다. 학교도 그냥

48

반의무적으로 왔다 갔다 한다. 고등학교든지 대학교든지 겨우 졸업은 한다. 가뜩이나 취업이 어려운데 이런 학생에게 오라는 곳은 없다. 하지만 김형석金亨錫 교수님이 《조선일보》에 연재했던 '100세 일기' 중의 한 글을 보면 이런 평범한 학생에게도 기회는 있다.

국내에서 대학을 졸업하고 놀고 있던 청년이 캐나다로 형을 쫓아 이민을 갔다. 형 소개로 캐나다 사람이 운영하는 회사에 취직했다. 하지만 할 줄 아는 일이 아무것도 없었다. 더욱이 영어도 제대로 못 했다. 그런데 이 청년이 매일 한 일은 두 가지였다. 남보다 일찍 출근하고 늦게 퇴근했다. 일찍 출근하여 다른 직원들이 출근해서 곧바로 근무에 임할 수 있도록 사무실을 청소하고 정리했다. 저녁에는 다시 흐트러진 사무실을 정리하고 늦게까지 남아 회사 업무를 공부했다. 이를 유심히 지켜본 사장이 자기가 타고 다니던 고급 승용차를 선물로 주었다. 이 청년은 이 차를 자기가 다니던 교회의 목사님께 드리고 자기는 목사님이 타고 다니던 헌 차를 타고 다녔다. 어느 정도 세월이 지나자 이 사장이 청년의 형에게 제의했다. 새로운 회사를 창업하려고 하는 데 동생을 책임자로 쓰고 싶다는 것이다.

이 청년한테 일반적 인재 기준인 특별한 지식과 기술은 없었다. 영어를 쓰는 나라에서 언어 실력도 부족했다. 그렇다고 남다른 열정이 있는 것도 아니다. 그저 얌전한 청년이었다. 그런데 외국 회사의 사장이 되었다. 평범한 취준생들이 이 청년보다 부족한 점이 있다면 무엇일까?

흔히 말하는 '월급보다 더 일하기 법칙' 같은 것이지만, "더 일한다고 월급 더 주지 않는다."라는 확고한 신념을 지닌 직원은 절대 더 일하지 않는다. 괜히 일 더 하다 골병든다고 생각한다. 어떤 판단이 옳은지는 순전히 개인 몫이다. 하지만 베토벤이나 모차르트처럼 천재성을 지니고 태어나지 않았다면 이외에 시도해볼 만한 방법은 없다. 더욱이 타고난 인성과 실력까지 갖춘 사람이 이렇게 한다면 성공은 떼놓은 당상이다.

그래서 젊은이들이 왜 CEO에 도전할 생각을 하지 않고 최저 임금에 목을 매느냐는 질문이 성립한다. 아예 취업하지 못해 최저 임금도 받지 못하는 젊은이들이 들으면 배부른 소리라고 할 수 있다. 하지만 절망만 하고 있을 것이 아니라 이 사례를 응용하면 취업에 도움이 될 것이다. 나아가 진급 문제로 고민하는 분한테도 해당한다. 취업하지 못한 사람은 "일이 너무 많아 밤을 새웠더니 힘들어 죽겠다."라는 친구의 말을 가장 부러워한다고 한다. 우스갯소리겠지만 진심일 수 있다.

50

역사를 알면 유리

시간이 지나면 무엇이든지 역사가 된다. 현재를 알기 위해 역사는 중요하다. "인성에 역사가 있는가?" 이 말을 들어본 적은 없을 것이다. 필자가 처음으로 만들었으니 말이다. 하지만 정말 오래전에 있었던 인성교육에 관한 기록은 있다.

"제발 철 좀 들어라. 요즘 젊은이들은 왜 그렇게 버릇이 없나? 어른에게 존경심을 표하고 항상 인사를 드려라." 세계에서 가장 오래된 메소포타미아 문명Mesopotamian Civilization을 일으킨 수메르인이 기원전 1700년께 제작한 점토판에서 발견됐다는 '잔소리'다. 부모님의 잔소리가 몸에 밴 상태도 인성이다. 그렇다면 이 점토판이 인성이나 인성교육의 원조 중 하나라 해도 되겠다.

최근 들어 인성의 갑작스러운 부상浮上은 경제 발전과 관계가 깊다. 과거에는 지식과 기술이 주로 강조되었다. 하지만 아주 특별하지 않은 지식과 기술의 경쟁력은 2~3년 정도다. 새로운 지식과 기술이 자꾸 개발되기 때문이다. 반면에 인성의 경쟁력은 영원하다. 날이 갈수록 오히려 강해진다. 더욱이 지식과 기술은 돈을 주고 사거나 빌려 올 수 있다. 하지만 인성은 그렇게 할 수 없다. 자체적으로 갖고 있어야 한다. 성과도 엄청나다. 그러므로 21세기 들어 국내외 기업 간의 경쟁이 치열해지면서 상대방보다 우위에 서려는 목적에서 인성의 필요성이 더욱더 강조되는 것은 매우 자연스러운 현상이다.

유대인들은 오래전부터 민족의 생존이 상업에 달려 있었다. 그러므로 인성과 인성교육의 성과는 역시 상업 분야에서 크게 나타난다. 마찬가지로 근래 세계 경제의 중심지인 미국에서 '성공의 습관'에 관한 연구나 자료의 발표가 가장 활발하다. 아리스토텔레스는 "인간의 성품은 습관의 집합체"라고 하였다. 그러므로 성공의 습관 연구는 결국 인성에 관한 연구라 할 수 있다. 미국과 교류가 빈번한 우리나라도 가장 영향을 많이 받는다. 국내에 들어오는 관련 서적이나 직원 연수 교육 프로그램 등도 대부분 미국산이다. 미국은 유럽에 비해 짧은 역사임에도 불구하고 빠르게 성장하려는 욕구와 수요로 인하여 이쪽 방면이 어느 나라보다 급속히 발전했다.

데일 카네기Dale Carnegie, 1888~1955는 미국인을 '인격 중시'에서 '개성 중시'로 변하게 하였다는 평을 듣는다. 그의 저서 『친구를 얻고 사람을 움직이는 방법How to Win Friends & Influence People』(『인간관계론』으로 많이 번역됨.)은 미국에서 성경 다음으로 많이 팔리는 책 중 하나다. 국내 출판사 중에도 이 책을 내지 않은 곳이 없을 정도로 많이 보급되었다. 하지만 출간된 1936년 당시 대부분 미국의 도서관은 이 책을 과학 도서로 분류할 정도로 그때까지 자기 계발 분야가 없었다. 자기 계발이나 관련 단어들이 대중화되지 않았던 것이다.

1990년 미국의 사회학자 데이비드 리스먼David Riesman, 1909~2002이 『고독한 군중』을 발표하였다. 그는 "19세기에는 대부분이 '내면 지향적인 성향'으로 다른 사람들이 자신을 어떻게 생각하고 있는가에 대해 특별히 신경을 쓰지 않았다. 20세기 들어서 다른 사람들이 자신을 어떻게 생각하는가에 신경을 기울이는 '타자 지향적인 성향'으로 변화한다. 상대적으로 덜 중요한 미덕으로 전락한 인격의 자리를 유머, 매력, 개성이 대체하고 있다."라고 말했다. 유머나 매력, 개성이 자산이 되고 돋보이는 시대라는 것이다.

『엘리트의 반란과 민주주의의 배반』의 저자이자 역사학 교수이며 사회문화 비평가인 크리스토퍼 래시Christopher Lasch, 1932~1994는 "대인관계의 적절한 관리가 자기 발전의 기본이 되는 시대가 도래했다."라고 하였다.

국내에도 1990년대를 전후로 급속한 경제 발전과 함께 이러한 자기계발서가 본격적으로 보급되기 시작한다. 노만 V. 필Norman Vincent Peale, 1898~1993 박사의 『적극적 사고방식』은 국내 한 출판사에서 1955년에 최초로 발행되어 자기 계발서로 많이 보급되었다. 당시는 경제 규모가 크지 않았으므로 개인을 떠나 기업, 국가발전에까지 얼마간의 영향을 주었겠지만, 돌풍을 일으켰다고는 할 수 없다. 그러나 100만 부 이상 보급된 스티븐 코비Stephen Covey, 1932~2012 박사의 베스트셀러인 『성공하는 사람들의 7가지 습관』(김영사)이 국내에서 발행된 해가 1994년이다. 우리나라의 경제가 세계적으로 도약할 때다. 『프랭클린 자서전』도 처음에는 단순한 교양서적으로 읽혔다. 그러나 21세기에 들어서 가장 많이 읽히는 자기 계발서가 되었다.

미국은 사회의 주역이 경제요 경제인이다. 그러므로 사회 주역이 요구하는 인성교육을 학생, 부모, 학교에서 시행하지 않을 수 없다. 학교에서 익힌 기본 인성이 사회에 나가 관련 서적 등을 학습하면서 더욱 수준 높게 완성된다. 하지만 우리는 아직도 체면과 권위를 중시하는 조선 시대 선비 사상과 이를 지닌 선비가 사회의 주역이다. "예전 선비의 터전인 서원이 인성교육의 중심이 되어야 한다."라고 주장하는 분이 있을 정도로 기업의 요구에 맞는 인성교육을 기획하고 시행하려는 분이 적다. 더욱이 입시 위주의 교육으로 인성교육이 잘 거론되지도 않는다.

　인성의 간단한 역사와 근황이다. 예전처럼 비실용적인 인격 중시 사회에 계속 머물 것인지, 실용적인 인성이 중시되는 사회로 바꿀 것인지를 이제는 우리 모두가 결정해야 한다.

제2장

상인 정신

보물선 만들기

사회생활에 필요한 인성 과제를 모두 갖추려면 너무 많아서 아무리 노력한다고 해도 어렵다. 하지만 누구나 자기가 나아가는 대열의 가장 앞선 위치에 '상인 정신'이라 쓰인 대형 깃발을 꽂아두면 만사가 해결된다. 살아가는 데 이보다 더 필요한 정신은 없기 때문이다. '상인 정신' 하나만 있어도 밥 먹는 데 지장은 없다.

전쟁에서 우수한 화력이나 작전 등이 필수겠지만 무엇보다 군인 정신없이 승리하기는 어렵다. 정신력이 무너지면 화력이 아무리 좋아도 제대로 운용되질 못하니 별 소용이 없다. 총성 없는 경제전쟁은 실제 전쟁보다 더욱 치열하다. 패하면 실제 전쟁 이상으로 비극이다. 경제전쟁의 군인이 '상인'이다. 전쟁이 발발하면 전 국민이 군인이나 군인의 보조 역할이라도 해야 하듯이, 경제전쟁에서 승리하기 위해서는 전 국민이 상인이 되거나 누구나 상인 정신을 갖추어야 한다. 그래야 불리한 여건은 이겨내고 좋은 여건은 더욱 신장시켜 다른 국가와의 경제전쟁에서 승리할 수 있다.

'상인 정신이 몸에 밴 상태가 인성'이라고 보면 좋다. 즉, 장사 잘하는 가게의 주인이나 종업원이 보여주는 말과 행동이 모두 수준 높은 인성이다. '서비스 정신'이라고도 표현된다. 어떤 분은 이를 뿌리칠 수 없는 '매력'이라고 했다. 고객은 주인이나 종업원의 매력적인 인성에 호감을 느끼고 감동한다. 그래서 자주 방문하게 되고 기분 좋은 거래가 성립한다. 상인은 재화나 서비스를 제공하고 고객은 만족의 대가로 돈을 지급한다. 서로 간에 이익이 되는 원칙이 아주 잘 이루어진다. 기업이나 국가 간 거래도 마찬가지다.

인성을 어렵게 생각했던 분들도 '상인 정신이 몸에 밴 상태가 인성'이라면 배우거나 익히기 어려운 특수한 기술이나 지식이 아님을 금방 안다. "타고나지 않아도 누구나 학습하여 내 것으로 만들 수 있네."라고 말할 것이다. 매우 민주적이며 대중적인 성공 비결이다. 돈도 안 든다. 이처럼 쉽게 얻을 수 있는 생활 보물은 없다. 인성이 모든 거래가 원활하고 즐겁게 이루어지도록 기름칠한다. 거래량을 늘리거나 다음 거래를 앞당기는 역할도 한다.

그렇다면 '인성교육'은 '보물을 캐러 가는 보물선 만들기 수업'이라 하겠다. 실제로도 그렇다. 그러나 대부분이 인성을 이렇게 생각하지 않는다. 보물과는 별 관계가 없다는 생각이다. 오히려 "보물을 돌로 보라."라고 가르치는 것이 우리네 전통이자 관습이다. 시작이 반이다. 시작이 이러니 인성교육을 제대로 시행하는 모습을 주위에서 찾기 어렵다.

아무리 보물선의 크기나 디자인, 성능이 좋아도 목적이 다르면 결코 효율적이지 못하다. 대부분이 도덕적인 개념을 기준으로 인성을 생각한다. "예의범절을 잘 지키는 성품"이라고 단적으로 생각한다. 가장 일반적으로 생각하는 것이 '착한 마음씨'다. 그래서 배의 실내를 정서적인 발달을 위해 아름다운 그림이나 색으로 꾸민다. 이러한 시도가 나쁘다는 소리는 아니다. 필요한 요소이기도 하다. 다만, 원래 목적과는 맞지 않는다. 그런데도 대부분 교육자나 학부모, 교육 관계자들은 쉽게, 좋게 생각하고 이러한 배의 완성을 추구한다. 그리고 진수식졸업식에 참여하여 축하해 준다. 그러나 이들은 보물섬으로 향하는 것이 아니라 그냥 교양을 얻으러 다니는 유람선에 지나지 않는다. 인성을 학습할 기회도 없고, 성과도 없다. 끝내 보물섬에 도착하지 못한다.

국내의 많은 대학이 정기적으로 언론에 기사나 광고를 통하여 학교를 홍보한다. 대부분 학교의 발전된 모습이나 교육 방향과 어떤 면을 중시하는가를 보여준다. 인성교육을 오래전부터 중시하고 시행해 왔으며 앞으로 더욱 강화하겠다는 반가운 내용도 있다. 그리고 취업률이 몇 퍼센트%로 서로 국내 1위라는 내용도 빠지지 않는다.

하지만 차별화된 지식과 기술 교육의 강조는 있어도 차별화된 인성교육으로 취업률을 높였다는 내용은 없다. 이런 내용이 있다면 실제로 효율적인 인성교육을 시행하고 있다는 증거다. 인성교육을 중시하면 취업률을 120%로 높일 수 있다. 이는 졸업생은 100명인데 오라는 기업의 일자리가 120개라는 소리다. 지식과 기술 이상으로 인성을 중시하는 대학이면 충분히 있을 수 있는 일이다. 그런데도 기업에서 "스펙보다 인성"이라며 인재를 찾는 요구에 현재 어떻게 대처하고 있다는 구체적인 홍보 자료를 내놓는 대학이 없다. 기업이 이 자료를 보고 졸업도 하기 전에 스카우트 제의를 할 터인데도 말이다.

취업이 어려워 아무리 좋은 방법이 있어도 대학의 취업률이 오르지 않는다는 자조적인 마음이 그런 현상을 부채질한다. 무려 100군데의 기업에 이력서를 내도 연락이 없어 취업을 포기했다는 취준생의 하소연을 들으면 그들의 절박함을 느끼지 않을 수 없다. 목이 타들어 가 손톱이 다 닳도록 땅을 팠는데 물길을 못 찾는 예와 같다. 그러므로 어떤 어려움이 있어도 이겨나가며 끊임없이 인성교육을 시행해야 한다. 어렵게 생각하면 어렵겠지만 쉽게 생각하면 쉬운 일이다. 단순하게 '상인 정신'을 갖추라고 학생들에게 강조해도 된다. 학교에서 직접 가르치지 못하면 물건을 살 때마다 가게 주인이나 종업원을 살피며 그들의 성품을 배워 학기마다 리포트를 내라고 해도 된다. 학생이 아르바이트하는 경우 가게를 운영하는 주인 자세로 근무하면서 인성 실력을 쌓기도 하고 발휘할 수 있는 절호의 기회로 삼아야 한다. 방법을 연구하면 더 많다.

아무리 경기가 불황이라도 기업들은 직원을 뽑는다. 자연적으로 그만두는 사람도 있기 마련이다. 전쟁 중에도 기업은 창업하고 운영한다. 시장도 선다. 호떡 파는 가게도 있다. 다만, 취업 경쟁이 평화 시보다 치열해질 뿐이다. 경쟁이 없던 적은 없다고 생각하면 별것 아니다. 나아가 상인 정신이 필요 없던 적도 없었다.

어떤 보물선을 만들 것인가?

인성의 중요성이나 필요성을 절실하게 느끼고 가정이나 중·고등학교, 대학교, 기업에서 인성교육을 시행하려고 해도 또 하나의 원초적인 방해 요소가 있다. 이 점 또한 이해하고 인정하며 넘어서야 한다.

대부분의 선비형 교육자들은 실용적인 인성교육에 잘 동조하지 않는다. 충·효·예 등이 빠지거나 무시되고 성과와 이득을 중시하는 그게 무슨 인성이냐며 핀잔을 주면 할 말은 더 없다. 또한, 오랫동안 굳어진 그들의 완고한 생각을 뒤로 물리며 이해시키기도 어렵다.

2015년 '인성교육진흥법'이 발효될 때 '효孝' 과제가 들어 있었다. 하지만 누가 지적을 했는지 이 과제를 빼자는 의견이 제시되어 국회에서 2017년에 수정 통과되었다. 이는 매우 현명하고도 적절한 조치였다. 기본적인 인성도 제때 가르치지 못하는 교육 현장에서 '효'는 교사들에게 너무나 벅찬 과제이자 짐이었다. 더욱이 암기와 입시 위주의 교육에 밀려 인성교육이 제대로 시행되지 못한 지 오래다. 이 효를 빼자는 사실을 안 유림儒林이나 사회지도자층에서 난리가 났다. "인성에서 효를 빼면 무엇이 남느냐?"라는 식의 비난성 칼럼이나 관련 기사가 한동안 언론을 장식했다. 누구도 이에 반대하는 사람은 없을 것이다. 이에 필자는 "효와 인성과는 아무 관계가 없다"라는 제목으로 짧은 반론을 신문에 올린 적이 있다. 마치 과학이 중요한 과목이지만 인성과 직접적인 관계가 없듯이 말이다. 하여튼 토론 과정을 거쳐 국회에서 법안은 수정되었다.

그러나 역시 현실과는 아무 상관이 없다. 제대로 시행되지도 않는 인성교육에 '효'가 꼭 들어가야 한다는 의견이 사회적으로 아직도 주류를 이룬다. 전 국민이 인성과 인성교육에 관심이 많아 보여도 실제로는 별 관심이 없다는 증거다. 이유 여하를 막론하고 '효'를 뺀다는 사실 자체만을 그냥 나쁘게 생각한다. 그래서 무조건 반대한다. '효'는 인성과 다르며 심리적인 수준이나 단계도 한층 높다고 할 수 있다. 인성은 현실에서 어떻게 하면 먹고살 수 있나 하는 정신적 기술이다. 그래서 '효'와 상관이 없다.

유대인은 인성교육에서 "물고기를 주지 말고 물고기 잡는 법을 물려주라."고 한다. 어린이용을 비롯하여 성인용까지 우리나라 가정에 『탈무드』가 한두 권 이상은 보급되어 있으니 이 구절을 모르는 사람은 없다. 모두 유대인 교육의 실용성과 현명함에 감탄하며 한마디씩 칭찬 안 하는 사람이 없다. 그리고 이 말을 생활 속에서도 자주 인용한다. 즉, 유대인에 관해 이야기할 때는 이런 현실적인 점을 앞 다투어 인정한다. 그런데 왜 우리나라 교육에만 오면 현실은 사라지고 차원 높은 고담준론高談峻論만 앞세우는가? 마치 외국 학생들은 관대하게 대하고 우리나라 학생들은 일부러 쥐 잡듯이 몰아세우며 차별을 하고 벌쩍우는 것 같기도 하다.

어떤 지방자치 단체는 매년 선비정신을 중심으로 하는 '세계 인성대회'까지 여는 곳도 있다. 인성이 중요하고 필요하다고 하면서 많은 예산을 들여 국제적인 행사를 주관하는 데 감히 누가 뭐라고 하거나 말릴 사람은 없다. 다만, 자꾸 인성의 원래 뜻이 오염되며 오염층이 두터워지는 점은 문제다. 선비정신은 독립된 정신으로 가치가 있을 뿐 인성과는 아무 상관은 없다. 인성은 성과와 실리를 목표로 하지만 선비정신에서 이 단어들은 금기시된다. 그리고 전체적인 내용도 인성보다는 유교 학술대회에 가깝다. 바뀌지 않으면 죽는다는 개념의 경제계 혁신 바람이 교육계만은 전혀 무풍지대다.

특히, '인성은 장사 잘하는 성품'이라는 식으로 생각하거나 가르치기가 가장 어렵다. 교사가 장사를 모르거나 체험해보지 않아서다. 그러나 이익이나 성과 개념이 없는 인성교육은 존재 이유가 없으며, 제자들이 사회로 나가 제대로 된 경제생활도 할 수가 없다. 반면에 유대인은 인성교육 교사 격인 랍비Rabbi의 본래 직업이 대부분 소상공인이었다. 무역업자도 많았다. 그들은 세계 각지에서 무역 거점의 역할로 유대 상권 신장에 크게 이바지하였다. 이들 덕분으로 유대인은 누구나 쉽게 국제 상인이 될 수 있었으며, 오늘날까지도 전 세계에 걸쳐 그 영향력을 행사하고 있다. 따라서 자연스럽게 상인 정신뿐 아니라 장사 기술을 교육 중에 가르치게 되고 학생들은 직접 보고 배울 수도 있었다.

그러므로 인성교육 담당 교수는 적어도 대학교 다닐 때의 아르바이트 경험을 살리거나 방학 때 일부러 가게 등에 취업하여 경험을 쌓을 필요가 있다. 친척 중에 사업을 하는 사람을 만나 그들의 경험과 조언을 듣는 것도 도움이 된다. 그런데 이렇게까지 하는 교육자는 유감스럽게도 없다. 물론 인성교육을 이수한 교육생들이 모두 상공인이 되는 것은 아니다. 다만 상인 정신을 익히고 사회에 나가면 무슨 분야나 조직에서 협력 관계를 잘 이루고 리더가 되어 앞서나간다는 사실은 분명하다.

어느 한 대학교에서 동서양의 철학적인 내용을 모아 인성교육 교재라고 만든 책을 본 적이 있다. 책 제목도 '인성론'이다. 하지만 첫 장부터 너무 어려워 반복 학습으로 진짜 인성을 만드는 일은 꿈도 못 꾼다. 마치 우리 대학에서는 이렇게 어려운 교재로 인성교육을 하고 있다는 사실을 외부에 자랑하는 것만 같다. 때에 따라 이런 교육도 필요하다. 다만, 그것은 이론에 따르는 과제 교육이지 기업이 요구하는 인성과 인성교육은 아니라는 점이다. 취업과도 크게 관련이 없다.

고등학교가 대학교보다 나을 수 있다. 고등학교만 나와 사회로 진출하려는 학생들은 취업이 상당히 시급하다. 그러므로 담당 선생님들이 인성을 제대로 가르쳐 사회로 내보내려 노력하고 학생들도 호응이 높다. 원하지 않는 사람을 개선 시키기는 어려운데 모두 원하니 학습 효과가 높다.

인간의 몸은 기본적으로 뼈와 살, 피로 이루어진다. 인성도 여기에 한몫한다. 인성까지 함께 구성된 배를 만들어야 한다. 그래야 진짜 보물선이 된다.

취업 안 되기가 하늘의 별 따기?

"'경력 제로'인 대졸 신입사원을 뽑아 키우는데 시간은 3~4년 걸리며 비용은 직·간접비 포함해서 1인당 1억 원 안팎이 든다."라고 한 대기업 인사 담당이 호소한다. 그중 47%가 인성 교육비라고 《한국경제》에서 지적한 적이 있다. 천문학적인 인성 교육비가 국제경쟁력 약화의 최대 원인이라고까지 말한다. 그러므로 기업에서는 신입사원에게 인성을 요구한다. 교육비용을 절감하고 성과를 높이기 위해서다. 하지만 계획대로 수급이 원활치 못하다 보니 기업에서 신입사원 채용 수는 줄여도 '경력 사원'은 수시로 뽑는다. 이들의 인성이 완전한 지도자급은 아니어도 중간급은 된다. 이들은 인성으로 아래 사람을 이끌고 위 사람의 지시에 따라 팀을 꾸려나가며 목표를 달성한다.

부모님도 열심히 이끌었지만, 자녀도 노력하여 대학에 입학하고 졸업했다. 그런데 이력서를 넣어도 면접 보러 오라고 하는 데가 없다. 이력서를 10~20통까지 보낼 때는 그래도 '연락이 오겠지' 하고 희망을 품고 기대한다. 그러다 50통에서 100통이 넘어가도 연락이 없으면 부모도 그렇겠지만 자녀는 실망이 아니라 초주검 상태가 된다. 그만큼 취업 시장이 얼어붙었다.

취업 인구가 수요보다 공급이 훨씬 넘치니 더욱 어려워졌다. 모든 것이 컴퓨터나 로봇으로 자동화되다 보니 기업이 크게 발전해도 새로운 인력을 잘 뽑질 않는다. 자녀의 초조함이 극에 달한다. 모든 것을 포기하는 상태까지 이른다. "취업이 하늘의 별 따기"라는 말이 아주 특별한 경우에 쓰이는 말이 아니라 취업 현장의 일상이 되었다. 취준생의 처지로서는 취업 시장이 아예 없어졌다고 해도 과언이 아니다. 실제로 신입사원 채용 계획이 전혀 없다는 기업도 많다. 그런데 기업의 인사 담당자들은 "사람은 많아도 쓸 만한 인재가 없다."라고 한다. 기업의 고민이라고까지 말한다. 취업 못 한 취준생들이 들으면 기가 막힐 노릇이 아닐 수 없다. 무엇이 잘못된 것일까?

자동차가 우리나라에서 본격적으로 생산되고 보급되던 초기에 운전할 줄 아는 사람은 극히 드물었다. 그러므로 기업에서 간부급에게 자동차를 지급하면서 운전사까지 딸려 주었다. 그러다 비용 절감 차원에서 간부들에게 운전면허증 취득을 권장하고 여기에 드는 비용을 회사에서 대주었다. 나아가 신입사원 모집 공고에 "운전면허증 소지자 우대"라는 조항이 들어간다. 전국적으로 운전면허증 취득 광풍이 불었다. 대학생들은 재학 시절에 취업 준비 과정 중 운전면허증 취득은 당연한 것으로 알았다. 전국민 중에 운전면허증 없는 사람이 거의 없게 되었다. 이제는 기업에서 사원 모집할 때 운전면허증 소지자 우대라는 조항은 넣지 않는다. 그렇다고 갑자기 기업에서 차와 운전면허증이 필요 없어진 건 아니다. 누구나 회사에서 요구하기 전에 이미 운전면허증을 갖고 있으므로 굳이 강조할 필요가 없어졌을 뿐이다.

이런 의미로 "스펙보다 인성"이란 기업의 요구 사항을 살펴보자. 기업에서 인성이 절실하게 필요한데 인성을 갖춘 인재가 별로 없다는 소리다. 또한, 인성을 갖추면 운전면허증 소지자처럼 특별 우대하겠다는 소리다. 그런데 운전면허증을 따기 위한 광풍과는 달리 별 반응이 없다. 돈도 안 드는데 이상하리만큼 조용하다. 그러면서 취업이 하늘의 별 따기보다 어렵다고 비명을 지른다. 아무리 인성을 중시한다는 공고를 내도 응시하는 취준생이나 학교, 학부모 중에 아무도 관심을 기울이지 않는다면 기업은 실망하고 공고하기를 포기할 것이다.

"스펙보다 인성"이라며 홍보하는 기업이 점점 없어진다. 전에는 취업 시즌이면 기사로도 홍보하고 "열정 한 가지만 갖고 오라!"는 식의 광고를 신문 전면에 내는 기업도 있었다. 그렇다면 우리 스스로 취업의 커다란 한쪽 문을 닫아건 셈이다. 인성과 인성교육의 회복으로 문을 다시 활짝 열어야 한다. 부모의 고생을 끝내고 자녀의 생명을 살리고 장래를 여는 일이다.

그럼 기업에서 인성이 왜 필요한가? 고객 감동을 위해서다. 생산성을 높이고 장사를 잘해 이익을 내기 위해서다. 기업은 이윤을 추구하는 집단이다. 기업을 근사한 사무실에 무표정하게 앉아 사무를 보는 곳이라고 생각하면 큰 오산이다. 현재 학부모, 학생, 교육기관 모두 이런 오해 속에 공부하고 가르친다. 알을 깨고 밖으로 나와야 한다. 김우중金宇中, 1936~2019 회장 말처럼 "세상은 넓고 할 일은 많다!" 거친 세상의 비바람을 막는 일도 인성이 한다. 그러니 인성을 갖추면 취업 문제도 해결하고 창업에도 성공한다.

알고 만나는 적극적 협동 필요

"지구는 협동으로 움직인다."라는 말이 있다. 인간은 원초적으로 협동하며 살게 되어 있다. 그래야 생명을 유지하며 먹고 산다. 『이타적 유전자』(사이언스북스, 2001)의 저자인 매트 리들리Matt Ridley는 "인간은 사회적 본능을 가지고 있다. 태어날 때부터 협동의 방식을 계발하고, 믿을 만한 사람과 그렇지 못한 사람을 구별하고 스스로 믿을 수 있는 사람이 되어 평판을 쌓고, 사회적 본능으로 협업을 이루어냈다. 협업은 인간에게 상상치 못할 이득을 가져다주었다."라고 하였다.

원시인들이 나오는 영화를 보거나 그림을 보면 아주 쉽게 알 수 있다. 동물 한 마리를 잡는데 혼자서는 어렵다. 여럿이 분업을 해서 잡아야 쉽고 실패가 적다. 생명을 잃을 위험도 줄어든다. 직접 잡는 데 참여하지는 않지만, 몰이꾼도 있어야 한다. 한 가지라도 빠지면 실패한다.

현대에 와서도 이 원칙은 기업 등의 모든 조직에서 그대로 적용된다. 그런데 대부분 협동이 필요하면 별다른 노력 없이 자동으로 이루어지는 줄로 안다. 물론 협동이 잘 안 이루어지면 성과가 오르지 않으니 겉으로 보기에는 어느 정도 잘 되는 것 같다. 하지만 누구나 생각하는 정도로는 경쟁에서 이기기 어렵다. 보통의 생각보다 몇 배의 협동이 요구되는 것이다. 이는 자연적인 협동이 아니라 좀 더 기술적이며 적극적인 협동이라 하겠다. 협동하는 데 필요한 요소들을 총동원해야 한다. '미소', '칭찬', '경청' 그리고 '배려', '존중' 등이다. 타고난 것 외에 후천적으로 학습하고 훈련해야 한다. 그리고 몸에 밴 인성이 되어야 한다.

어떤 사람은 타고난 협동 능력으로 조직의 대표가 될 수 있다. 이는 친목회에서나 가능한 일이다. 기업에서는 현재보다 몇 배 더 협동을 잘해야 한다. 협동 능력이 떨어지는 사람은 물론이지만, 잘하는 사람도 더 잘해야 한다. 특히, 일부 특정 부서의 사람에게만 그치는 것이 아니라 전 조직원이 협동해야 한다. 그래야 경쟁에서 이긴다. 협동 과정에서 조직원을 칭찬하면 몇 배의 성과를 올리며 장래 그 집단의 리더로 자랄 수 있다. 인성을 갖춘 사람은 베풀고 받아들이는 사람은 인성을 배운다. 이런 조직으로 발전시켜야 한다. 이것이 조직을 현재보다 나아지게 하는 인성교육의 필요성이다.

언어교육 애플리케이션 개발회사 플루언트월드FluentWorlds의 데이비드 브래드퍼드David E. Bradford CEO가 성공 비결을 소개한다. "'인생에서 중요한 것은 네가 무엇을 아는가가 아닌, 네가 누구를 아는가다.'라고 한 어머니 말씀을 항상 가슴 깊이 새겨두었다."라고. 알고 만나는 것이 협동과 대인관계 그리고 인성의 시작이다.

|||||||||||||||||||||||||

높은 지위가 좋다

인성을 학습해야 하는 이유를 좀 더 쉽고 재미난 예를 들며 얘기할 수 있어야 했는데 이 점이 항상 아쉬웠었다. 다행히 조던 B. 피터슨Jordan B. Peterson이 지은 『12가지 인생의 법칙』(메이븐, 2018)에서 답을 찾았다. 아래는 책의 42~43쪽에 실린 내용이다(여기서 '최하층'은 인성이 부족한 사람, '높은 지위'는 인성이 충만한 사람으로 비유하면 거의 맞는다.).

'최하층'에 속한 사람의 뇌는 아주 사소한 사건도 최악의 사태로 이어질 수 있다고 가정한다. 게다가 주변에 좋은 친구가 별로 없어 모든 것을 혼자서 처리해야 한다. 따라서 최하층에 속한 사람은 언제 일어날지 모를 뜻밖의 사태에 대비해야 하고, 그것에 즉각적으로 반응하기 위해 미래를 위해 남겨 둬야 할 에너지까지 쓰게 된다. 무슨 일이 일어날지 모르는 상황에서는 되도록 모든 것을 할 준비가 되어 있어야 한다. 자동차에 앉아 가속 페달과 브레이크 페달을 동시에 힘껏 누르고 있는 상황과 다를 바 없다. 지나치면 모든 것이 망가지는 법이다. 따라서 이런 비상사태가 닥치면 뇌는 면역 체계까지 가동을 중지시키고 미래를 위해 남겨 둬야 할 에너지와 자원을 끌어다 쓰면서 현재의 위기를 모면하려 할 것이다. 이럴 때 사람은 충동적으로 행동하게 된다. 예컨대 오래가지 않을 거라는 사실을 알면서도 이성의 유혹에 잘 넘어가거나, 수준 낮고 지저분하며 심지어 불법적인 쾌락에 선뜻 달려들 가능성이 크다. 쾌락의 기회가 드물기에 그런 기회가 생기면 일단 저지르고 본다. 그렇게 인생을 허무하게 낭비하고, 심지어 일찍 죽을 확률도 높아진다. 결국, 비상사태에 대비해야 하는 환경은 인생 전체를 파멸의 길로 이끈다.

그러나 당신이 '높은 지위'에 있다면, 뇌 속의 계산기는 보금자리가 안전하고 편안하며 먹을 것도 많다는 것을 안다. 주변에 당신을 도와줄 능력 있는 사람이 많다는 것 역시 계산에 포함된다. 또한, 당신에게 피해를 줄 사건이 일어날 확률이 낮으므로 웬만한 일은 대수롭지 않게 넘어간다. 변화를 위협이 아닌 기회로 여긴다. 세로토닌이 다량으로 분비된 덕분에 자신감 넘치고 차분한 모습을 보이며 허리를 곧게 펴고 당당한 자세를 취한다. 불안한 경계의 눈길을 거두고 여유롭게 행동한다. 현재 위치가 안전할수록 미래도 밝을 가능성이 크다. 따라서 장기적인 관점에서 생각하고, 더 나은 내일을 위한 계획에 집중한다. 좋은 기회가 많으므로 눈앞의 작은 이익을 위해 충동적으로 행동하지 않는다. 더 큰 만족을 위해 작은 만족을 참을 수도 있다. 신뢰할 수 있고 사려 깊은 시민으로 인정받을 수 있다.

인성의 갖춤 여부가 인생을 달라지게 한다. 어려움은 어느 곳에나 존재한다. 인성을 학습하여 항상 자신을 '높은 지위'로 끌어올리고 유지해야 한다.

제3장
. . . .

유대인을 주시하라

출사표 쓰기

이스라엘은 국내총생산GDP 대비 연구개발비R&D 투자 비율에서 세계 1위다. GDP 대비 유니콘 기업 수도 세계 1위다. 그리고 인구가 약 900만 명밖에 되지 않음에도 미국과 중국에 이어 나스닥 상장 기업 세계 3위다. 이유는 간단하다. 국민 전부가 어려서부터의 인성교육으로 상인이 되었거나 그렇지 않은 분야의 사람도 상인 정신이 충만하기 때문이다.

훌륭한 상인이 될 수 있는 기본 요건이 남에게 호감을 주고 책임은 완수하고 어려움은 해결하는 인성이다. 유대인은 『탈무드Talmud』를 교재로 전 민족이 인성교육을 시행한다. 성과도 금방 나타난다. 더욱이 돈으로 나타나니 눈에도 환히 보인다. 그러나 우리는 인성이 아무리 중요하고 필요하다고 강조해도 일상에서 실감하기 어렵다. 반복적으로 학습하고 훈련하지 않으니 성과를 기대할 수 없다. 더욱이 인성의 본질을 도덕적으로 가르치고 싶은 분이 너무 많다. 이게 편하긴 하다. 교육자나 교육생이나 책임질 일이 없으니 그렇다.

하지만 제대로 된 인성교육은 학생의 진로부터 결정하는 역할을 한다.

사회생활이자 경제생활에 관한 것이므로 교육자의 책임이 크다. 반대로 하면 편한 대신 이러한 성과를 기대할 수는 없다. 돈이 쉽게 보이지 않는다. 그러니 인성과 더욱 멀어진다. 바닷가에 물고기가 아무리 많아도 잡는 노력을 기울이지 않는다면 내 것이 안 된다. 그래도 물고기는 배고픔과 생활고를 면하기 위해 꼭 잡아야 하는 절대적인 이유가 있어 언젠가는 잡는다. 인성을 학습하고 훈련하는 일이 생각보다 쉽지 않다. 물고기 잡는 일처럼 일부러라도 절대적인 이유를 찾거나 만들어야 한다.

예전에 전쟁에 나서는 장수는 왕에게 출사표出師表를 지어 올린다. 그 속에 꼭 목표를 이루고 말겠다는 자신감과 비장함이 들어 있다. 인성의 학습과 훈련이 작게 보면 별것 아니다. 하지만 자신의 인생은 물론이고 기업과 국가의 운명을 좌우할 수 있다고 보면 결코 작은 과제가 아니다. 전쟁에 나서는 장수처럼 자신이 자신에게 맞는 출사표를 쓰고서 학습과 훈련을 시작하면 각오가 새로울 것이다.

여기서 유대인의 삶을 소개하는 것은 그들의 삶 자체가 인성교육의 출사표라 할 수 있기 때문이다. 유대인들은 "구약인 『토라Tôrāh』를 꾸준히 읽으면 좋은 행위와 좋은 생각이 뒤따르고, 좋은 행위와 생각이 반복되면 습관을 이루고, 좋은 습관은 좋은 성품을 가져온다."라고 믿었다. 미국의 철학자이자 심리학자인 윌리엄 제임스William James, 1842~1910가 20세기에 한 말을 유대인은 몇천 년 전에 이미 가르치고 행한 셈이다. 놀랍다는 말 외에 할 말을 잊게 한다.

윌리엄 제임스는 "우리가 생각의 씨앗을 뿌리면 행동의 열매를 얻게 되고, 행동의 씨앗을 뿌리면 습관의 열매를 얻는다. 습관의 씨앗은 성품을 얻게 하고, 성품은 우리의 운명을 결정짓는다."라고 했다. 그래서 유대인은 '학교 교육보다 인성교육을 먼저'라는 교육 정책이 자연스럽게 세워지고 오랫동안 시행해 왔다. 말 그대로 인성이라는 만능열쇠를 만들고 사용하는 방법을 조상 대대로 어려서부터 몸에 익힌 셈이다. 성품이 운명을 결정짓는다고 하였는데 유대인들은 예전에도 그랬지만 오늘날도 다양한 분야에 걸쳐 세계 최고의 인재와 부자를 가장 많이 배출한다. 마치 그렇게 되지 않으면 안 되는 운명처럼 말이다.

『탈무드』에서는 "친구에게 이를 드러내고 웃는 사람이 친구에게 우유를 건네는 사람보다 낫다."라고 한다. "하느님은 명랑한 사람에게 축복을 내린다. 낙관은 자기뿐 아니라 다른 사람도 밝게 만든다."라고도 한다. 탈무드를 배우고 익혀 인성으로 형성된 사람이 상인이 되면 다른 사람보다 월등히 돈을 잘 벌고 성공할 것이란 사실을 누가 봐도 쉽게 알 수 있다. 꼭 상업이 아닌 일반 분야나 직장 생활에서도 마찬가지일 것이다.

"만일 필요하다면 저잣거리에서 동물 사체의 가죽을 벗기고 보수를 받아라. '나는 위대한 현자다. 이런 일을 한다는 것은 내 위신에 걸리는 일이다.'라고 말해서는 안 된다."라고 가르친다. 우리나라의 점잖은 선비형의 지도자들에게 하는 충고 같다. 듣기 싫겠지만 말이다. "세 살 버릇이 여든까지 간다."라고 하였으니 이런 교육을 받고 자란 유대인은 무엇을 해도 성공한다. 반면에 암기와 입시 위주 교육이 우선이고 대세인 선비 유형의 우리는 어떤가?

영재 및 창의력 분야의 세계 최고 권위자인 김경희K. H. Kim 미국 윌리엄메리대 교수는 "우리 아이들은 365일 불안에 떨며 열심히 삽질하는 법을 똑같이 배워 작은 구멍을 파요. 그런데 앞서나가는 나라 아이들은 자유롭게 놀면서 남과 다르게 생각하는 힘을 길러요. 그 창의력으로 굴착기처럼 새로운 기계를 만들어 깊고 빠르게 땅을 일구죠."라고 하였다.

굴착기가 처음 개발되었을 때의 일화다. 종래의 방법대로 삽으로 땅을 파는 건장한 일꾼 20여 명이 굴착기와 땅파기 시합을 벌였다. 비싼 굴착기가 필요 없으며 자기들이 월등하게 낫다는 것을 증명하기 위해서였다. 처음 시작할 때 사람이 더 능률적인 것처럼 보였다. 하지만 시간이 지날수록 차이가 벌어진다. 사람은 시간이 지나면 지치지만 굴착기는 처음이나 나중이나 똑같다. 쉬지도 않는다. 기사가 번갈아 근무하면 밤을 새워 일할 수도 있다. 코웃음을 치며 자신했던 노동자들이 결국 두 손 들었다. 기계에 도전하다니 무모한 행동 같지만 처음 개발된 모든 제품은 이런 비웃음과 저항에 부딪힌다.

우리가 현재 처한 각 방면의 상황이 조금씩 차이는 있겠지만 거의 이렇다고 보아도 좋다. 입시 위주 교육이란 삽의 사용법을 종류별로 외워서 이론으로만 시험을 보는 방식이다. 반대로 생각하는 교육은 없는 것을 꿈꾸게 한다. 그러니 우리로서는 엉뚱한 괴짜나 생각할 수 있는 굴착기 개발은 도저히 꿈도 못 꾸고 개발할 수도 없다.

최근 통계청 조사(2020. 5.)에 따르면 청년15~29세 '공시족' 규모는 21만 9,000여 명으로 전체 취업준비생71만 4,000여 명의 30.7%에 달한다. 청년 취준생 10명 중 3명이 공시생인 셈이다. 우수한 청년들이 상인 되기보다 선비 되기를 더 선호한다. 물론 사회적으로 선비형도 필요하다. 하지만 배에 탄 사람이 한편으로 너무 많이 쏠리면 균형 잡기가 어렵듯이, 사회의 균형이 깨지기 마련이다. 그러면 선비들의 안전도 결코 장담하지 못하다.

유대인은 상신족(商神族)

18세의 영국계 유대인인 청년 마커스 새뮤얼Marcus Samuel이 런던에서 혼자 배를 타고 인도, 태국, 싱가포르를 거쳐 아시아의 끝으로 향했다. 종착점인 일본 요코하마에 도착한 해가 1871년이었다. 당시 일본은 나라를 개방하고 서양과 교역해야 한다는 혁신 세력이 주도하는 메이지유신明治維新, 1868이 막 시작되던 때였다. 일본에서 조개껍데기로 장식품을 만들어 돈을 번 새뮤얼은 '쉘Shell'이라는 석유 회사를 설립하였고, 세계 최초로 석유를 운반할 수 있는 유조선을 만들었다.

홍익희 교수가 지은 『유대인 이야기』(행성B, 2013)에 나오는 내용이다. 그동안 유대인에 관한 책이 많이 출간되었지만, 경제활동을 중심으로 고대로부터 추적하여 정리한 한 책은 없었다. 유대인이나 인성교육에 관심 있는 분들의 일독을 권한다. 이 책의 몇 가지 관련 내용과 그동안 유대인에 관해 필자가 알고 있던 미천한 자료를 종합하였다. 다만 홍 교수님이 사실이나 사건에 중점을 두었다면 필자는 모든 원인이 그들의 인성과 인성교육에서 비롯되었음을 강조하였으며, 우리나라 실정도 함께 비교하였다.

유대인의 과감한 행동이나 결정, 성과 등은 항상 우리에게 부러움과 놀라움을 준다. 어린 자식을 돌아올 표도 없이 지구 반대편 이국異國으로 보내는 유대인의 사고방식과 용기, 결단에 할 말을 잃는다. 무슨 할 말이 있는가? 이를 당연하다는 듯이 받아들인 아들은 물설고 낯선 동양에 무일푼으로 도착하여 부를 쌓고 성공한다. 고대로부터 시행한 인성교육으로 유대인의 핏줄 속에는 장사를 잘 할 수 있는 기질이 유전적으로 흐른다. 장사를 한 번도 해 보지 않았더라도 아무 상관이 없다.

마커스 새뮤얼이 일본에 도착한 1871년은 우리나라에서는 흥선대원군이 전국 서원을 철폐하고, 쇄국정책으로 신미양요辛未洋擾가 일어난 해다. 유럽에 산업혁명이 일어나 천지가 개벽한 사실에 우리는 귀는 닫고 눈은 감았다. 아무리 그렇더라도 1871년에 느닷없이 유대인이 일본에 나타난 사실은 이해하기 어렵다. 신라 귀족들이 아라비아에서 들여온 유리에 매혹되어 귀하게 취급하였다는 기록은 있다. 그러므로 일반적으로 얘기하는 서양인이라면 모를까 특별히 유대인이 뜬금없이 등장하는 데 대하여 의문이 생기지 않을 수 없다. 이에 관한 답은 유대인이란 단어가 곧 상인과 동의어라는 사실을 알면 쉽게 풀린다. 특히 그냥 상인이 아니라 국제상인이다.

일본에서 생산되는 물건을 가져다 서양에 팔고 서양 물건을 일본에 팔기 위해 서양의 장사꾼들이 메이지유신 훨씬 전부터 일본에 들어와 있었다. 대부분이 영국, 포르투갈, 네덜란드, 스페인 등 해양업이 발달한 나라였다. 하지만 이들 국가의 대부분의 상권은 예전부터 유대인이 쥐고 있거나 나눠 갖고 있었다. 그런데도 기록 등에서 유대인이 전면에 잘 나타나지 않는 것은 나라가 없는 떠돌이 민족이었기 때문이었다. 오히려 이 점이 유대인이 세계의 상인이 되고 상권을 쥐는데 더 유리하게 작용한 면이 많아 전혀 불리하지 않았다. 기독교 상인들이 이슬람 상인들과 반목을 하고 있을 때도 유대인은 아무 거리낌 없이 그들과 교역을 했다.

'동인도회사The East India Company'가 있다. 네덜란드에도 있었고 영국에도 있었다. 양국은 이 회사를 앞세워 약소국가를 수탈하고 식민지화하였다. 정치 세력의 확대가 목적같이 보였지만 실제로는 경제적인 이익 때문이었다. 동인도회사를 세운 사람들이 유대인이다. 이 두 회사도 오랫동안 세워진 나라의 회사로 불리고 있어 관심 없는 사람은 영영 모를 수 있다. 그러므로 마커스 새뮤얼이 일본으로 최초로 간 것이 아니라 이미 유대인들이 이들 국가의 상인으로 일본에 들어와 있었다. 일본뿐 아니라 중국도 마찬가지다. 마르코 폴로Marco Polo, 1254~1324가 1271년부터 1295년까지 동방을 여행하고 쓴 『동방견문록東方見聞錄』에도 원나라 궁정에서 유대인을 봤다는 기록이 나온다. 이미 유대인들은 상당히 오래전부터 목숨을 걸고 육지와 바닷길을 만들어 동방으로 왔고 거기서 진귀한 물건을 가져다가 서양에 팔았다.

일본이 우리나라를 식민지화한 것도 바로 상업적인 이유 때문이다. 일본은 유대인이 만든 동인도회사를 본떠서 1908년 우리나라에 '동양척식주식회사東洋拓殖株式會社'를 설립하였다. 순전히 일본 기업으로, 조선의 경제 독점과 토지·자원의 수탈을 목적으로 세운 국책회사였다. 그들은 서양 물건을 우리나라에 가져다 열배, 백배의 이문을 남기고 팔았다. 외국과의 교역 권리를 그들이 강제로 독점했다.

세상은 장사다. 역사는 장사가 좌지우지한다. 2021년 2월 15일 일간지에 다음과 같은 제목의 기사가 실렸다. "런던의 굴욕, 유럽 최대 주식거래도시 타이틀 뺏겼다", 영국이 유럽 연합에서 탈퇴한 브렉시트Brexit를 감행한 지 한 달이 지나자 네덜란드 수도 암스테르담이 유럽의 주식거래 중심 도시로 떠올랐다는 것이다. 네덜란드는 17세기 초 세계 최초로 증권거래소를 설립한 나라다. 동양과의 무역을 위해 설립한 네덜란드 동인도회사가 암스테르담을 기반으로 세계 최초의 주식회사가 된 것이 계기였다. 17세기에 유럽 최고의 금융 도시로 발돋움했다가 중간에 그 타이틀을 런던에 넘겨준 암스테르담이 다시 기회를 잡기 시작한 것이다. 이는 브렉시트로 활동에 제약이 생기고 불편해진 유대인이 런던에서 다시 유럽의 암스테르담으로 자신들의 근거지를 옮겼다는 말과 같으며 그 이상도 이하도 아니다.

요코야마 산시로璜山三四郎가 지은 『슈퍼리치 패밀리』(한국경제신문, 2011)에 유대인의 힘을 안 조선에서 고종이 러시아에서 중국을 거쳐 조선에 들어온 유대인을 만나려 했지만, 일본의 방해 공작으로 만나지 못했다는 얘기가 나온다. 혹자는 이때 고종이 유대인을 만났으면 우리의 역사가 달라졌을 것이라는 가정을 해보는 데 유감스럽게도 역사에 가정은 없다.

하지만 유대인의 힘으로 가능성은 충분했다. 청일전쟁淸日戰爭 당시에 일본은 영국의 유대인 금융기업인 로스차일드Rothschild에서 전쟁 비용을 차관받았다. 이때 일본의 재정이 약해서 전쟁이 끝난 후 차관을 돌려받지 못하면 어떻게 하느냐고 주위에서 걱정하자, 영국 해군을 몰고 가 일본을 초토화하면 되니 걱정할 게 없다고 로스차일드가 답했다. 유대인의 힘이 어느 정도인가를 알 수 있게 하는 대목이다. 국가를 개방하느냐 아니냐를 정치인들은 정치적인 목적으로 따지지만, 상인들은 그것과 상관없이 이익이 나는 교역을 기준으로 하고 이미 교역은 이루어지고 있었다.

유대인은 선도적으로 목숨까지 걸고 장사한다. 나라가 없던 유대인은 막대한 이익을 내는 무역업이 위험 요소는 많아도 이에 도전할 수밖에 없었다. 그들 떠돌이 민족이 한 지역에 정착하고 장래까지 보장받는데 오직 상상을 초월하는 경제력을 지니고 있을 때만이 가능하기 때문이다. 원주민들한테 자기들로 인해 이익이 되는 사실을 느끼게 하고 위정자들한테도 실감을 주어야 한다. 원주민하고 차별이 없거나 그 나라에 별 도움이 되질 않으면 유대인을 받아들일 국가는 어디에도 없다. 이익이 안 된다고 생각되면 그 지역에서 언제든지 즉시 쫓겨났다.

일본은 1543년 포르투갈 선박이 표류해 온 것을 계기로 서구와 교역을 시작했다. 이때 조총이 일본에 전래하였다. 일본은 이 총을 대량으로 만들어 1592년 임진왜란壬辰倭亂을 일으켰고 조선으로부터 최고 수준의 인쇄술과 신유학, 의학 지식까지 지닌 사람과 함께 노획했다. 임진왜란은 일본의 학문과 산업부흥에 결정적 전기가 되었다. 포르투갈 선박이 표류한 것이 아니라 유대인 선박이 표류한 것이라고 하는 것이 더 정확하고 확실한 표현이다. 유대인이 물건을 팔고 새로운 물건을 찾는 과정에서 한 나라가 희생되었다. 그게 우리나라다.

요즈음 《조선일보》에 연재되는 박종인 기자의 「땅의 역사」는 유대인이나 일본과 반대로 장사를 천시하여 나라도 잃고 초라하게 된 우리의 상업 역사라고 해도 좋을 것이다. 16세기에 살았던 이지함李之菡이 선조宣祖에게 상소한다. "국고는 바다에 미치지 못하고 여러 고을 쓸 돈은 밑 빠진 잔보다 많다. 산에 묻힌 은을 왜 채취를 금하는 것이며 무궁한 물고기도 무엇이 아까워 잡지 못 하게 하며, 무궁무진한 소금도 무엇이 아까워 못 굽게 하는가, 농사가 근본이고 소금 굽는 일이 끝이지만 끝으로 근본을 도와야 궁핍하지 않을 것이다. 생명을 구제하려면 다 풀어라." 규제 개혁을 요구하는 지방 현감의 상소는 당연히 거부되었다. 지금 봐도 도대체 말이 안 되는 규제다. 은, 물고기, 소금 등 뻔히 가난을 물리칠 방법이 사방에 널려 있는 데도 이를 정부에서 법으로 못 하게 한다. 밥을 굶는 서민들로서는 분통이 터지는 일이 아닐 수 없다. 물론, 은 이외에도 많이 생산되는 특산 품목을 명나라에서 알면 조공으로 바치라고 압력이 들어올 테니 이를 사전에 차단하기 위해 그런 조치를 한 면은 있다.

그런데 기득권층인 양반이나 선비들에게는 또 다른 이유가 있었다. 이들은 일하지 않는다. 생산성과는 관계가 없다. 경제활동은 오직 일반 백성이나 하인, 노예의 몫이다. 전쟁이 나도 마찬가지다. 이들은 군역의 의무도 없다. 하는 일이란 글 읽고 쓰는 일밖에 없다. 이들의 수입은 땅에서 나온다. 많은 백성이 이들의 땅에 소작을 붙여 겨우 먹고산다. 그런데 농사짓는 일 외에 수입이 생기는 방법을 알면 농사꾼들이 모두 소작을 떠날 것이다. 그러면 양반이나 선비 계급은 하루아침에 무너진다. 그래서 '농자천하지대본農者天下之大本'이나 '사농공상士農工商'이라며 겉으로 추켜세우고 속으로는 농민들을 착취했다. 특히, 장사로 농사보다 몇 배나 돈을 번다는 사실이 알려질까 봐 전전긍긍했다. 시골 장이 제대로 서지 못하게 관청에서 의도적으로 방해하였다. 오늘날 북한에서 장마당을 관리하는 것과 비슷하다. 완전히 막으려니 경제가 무너지고 허용하려니 정권이 무너진다. 겨우 숨통이 막히지 않을 정도만 허용한다. 상인들을 돈만 아는 무뢰배로 부르기도 한다. 농민들을 철저하게 세뇌한 것이다. 이러한 사농공상의 순서가 직업의 귀한 순서를 나타내는 것으로 인식되고 사회적인 폐습이 되었다. 더욱이 몇백 년 동안 이어지다 보니 상인을 천시하는 풍습이 자칫 전통으로 둔갑하여 오늘날까지 사회 곳곳에서 대단한 영향을 미치고 있다. 장사하는 사람한테 세금을 거둬야 국가가 운영된다. 이 돈으로 선비 계급이 월급을 받는다. 그런데도 상인을 천시하고 장사를 못하게 한다. 세상에 이보다 모순은 없다.

전 미국 연방준비제도이사회 의장이었던 앨런 그리스펀Alan Greenspan은 『미국 자본주의의 역사』(세종서적, 2020)에서 "세계 최강 미국의 비결" 중 하나로 미국 사람은 사업가를 영웅으로 떠받든다는 점을 들었다. 어린애도 경제력이 힘이라는 사실을 안다. 우리는 이와 반대되는 생각을 예전부터 지니고 있었지만, 현대라고 별로 달라진 점은 없다. 기업가나 상인이 사회의 주역이자 영웅으로 대접받거나 선택받지 못한다. 사회 분위기상 이런 기대를 걸 수도 없지만, 기업가들도 도전하지 않는다.

소금은 몇천 년 전부터 유대인이 취급하며 돈을 번 주요 상품이었다. 안전하고 효율적인 은銀 제련법은 우리나라가 세계 최초로 개발하였지만, 은 캐기를 금지하는 바람에 일본으로 기술이 넘어가 일본만 부자로 만들어 주었다. 당시 서양에서 개발된 제련법은 수은을 이용한 방법이어서 제련 과정에서 수은 중독으로 사망하는 사람이 많아 생산이 원활치 못했다. 그러나 한국에서 기술을 가져간 일본은 안전하게 은을 대량으로 생산하여 서양에 팔아 엄청난 부를 쌓았다. 그 부를 기반으로 부국강병富國强兵의 국가가 된 일본이 우리나라를 식민지화하였다. 의도적인 것은 아니지만, 결과적으로 보면 우리 스스로 벌인 일이 되었다.

전 세계에서 유대인을 연구하는 학자들이 모여 유대인을 한마디로 정의한 적이 있다. "유대인의 전부는 장사다."라고 하였다. 이 말의 뜻을 유

82

대인은 다른 민족에 비해 장사를 잘한다는 정도로 생각할 수 있다. 틀린 말은 아니지만 전 세계인이 유대인의 첨단 기술이 담긴 제품이나 서비스를 이용하지 않고는 단 하루도 못 산다는 사실에도 방점을 두고 생각해야 할 것이다. 겉으로 드러나지 않은 제품이라도 유대인이 개발한 첨단 부품이 들어 있다. 삼성의 휴대폰에도 들어 있다. 유대인 은행과도 거래한다. 직접 관계가 없다고 해도 내가 거래하는 은행이 거래하는 은행의 은행 격인 국제적인 대형 은행은 대부분 유대인이 소유하고 있다.

대평원에서 한 나라가 몇천 년 동안 존립하기는 어렵다. 아시아의 중국을 비롯한 중앙아시아도 수많은 나라가 생겼다가 없어졌다. 유대인의 근거지인 중동 지역도 마찬가지다. 유대인 나라도 그렇지만 크고 작은 나라들이 생기고 없어지며 역사가 이어져 왔다. 가뭄을 비롯한 자연재해도 있었지만, 대부분이 전쟁을 통하여 그러한 일들이 벌어진다. 그런데 이러한 피치 못할 역사의 밑바닥에 오늘날까지도 변치 않고 이어져 오는 비밀 왕국이 있다. 일 년 사시사철 상업이 번성하고 꽃피는 '상인이 왕이자 주인인 왕국'이다. 수많은 국가와 민족이 흥하고 변하고 동화되고 없어져도 장사만은 영원하다. 전쟁 중에도 거래나 교역은 끊이지 않는다. 아니 상업이 없으면 전쟁을 못 했다. 상인들이 엄청난 군자금을 마련하고 군수물자를 조달해야만 전쟁을 할 수 있었다.

근대 유럽의 많은 크고 작은 전쟁이 유대인에 의해 조절되었음은 공공연한 비밀이다. 유대인이 전쟁 자금을 차관해주면 전쟁을 하거나 승리하고 차관을 받지 못한 국가나 영주는 패배했다. 어떤 경우에는 차관을 미루면서 일어날 전쟁을 사전에 막는 역할도 하였다. 이 모든 기준은 유대인 상권의 보호와 신장과 관계가 있다. 유대인은 상업 활동이 왕성해야 자기들 안주가 보장되는 특수 환경 때문에 국가 간의 전쟁에 민감하지 않을 수 없었다. 러일전쟁露日戰爭 때도 일본과 러시아가 동시에 유대인에게 차관을 요청하였지만, 유대인은 일본에는 돈을 내주고 러시아는 차일피일 끌다 시기를 놓치게 하였다. 이로 인해 군함을 비롯하여 막강한 무기를 미리 준비한 일본에 러시아가 속절없이 패배할 수밖에 없었다. 러시아가 유대인을 속박하고 추방했던 사실 때문이었다.

그러므로 상인 왕국에는 국가와 민족을 불문하고 많은 사람이 이권에 따라 몰려든다. 적과 동지가 없다. 적이 동지가 되고 동지가 적이 될 수도 있다. 이권에 따라 거대한 상인 집단이 전 세계를 이동한다. 아메리카 신대륙도 상인들의 물품 조달 지역을 찾으려는 노력으로 발견되었다고 할 수 있다. 아프리카나 남미도 마찬가지다. 고대로부터 노예도 매우 주요한 상품 품목이었다. 그러한 모든 상단의 움직임 속에 유대인이 있었으며, 동등하거나 주도적으로 상단을 이끌어 왔다. 태초로부터 지금까지 국제적인 장사 현장에 유대인이 빠진 적은 없었던 것이다.

세계적으로 여러 가지 문제가 발생할 때 중국이 개입하지 않는 경우는 별로 없다. 정치적인 세력의 확장에도 목적이 있지만, 상권을 개발하고 유지하려는 차원에서다. 미개발 국가의 경우는 대부분이 금이나 석유, 철광석 외에 특수한 자원이 많을 때 더욱 치열하다. 그런데 중국이 최근 시끄러운 중동 문제의 주역인 이스라엘에 관해서는 이상할 정도로 조용하다. "현금 앞에 사람은 침묵한다."라고 하였는데, 유대인의 금력 앞에 중국도 말이 없는 것이다.

'HSBC'는 '홍콩·상하이 은행Hongkong and Shanghai Banking Corporation' 의 머리글자다. 이 은행의 역사는 상당히 오래다. 중국과의 거래를 위해 영국에서 1865년 홍콩에 세운 은행이지만, 역시 유대인 자본이 들어가 있어 유대인 은행으로 분류된다. 동인도회사와 마찬가지로 중국을 수탈하는 데 앞장섰으며 '아편 무역'과 '아편전쟁'에도 주역이라고 할 정도로 깊숙이 개입했다. 중국 사람들 처지에서는 자기들에게 치욕을 안겨준 상징적인 은행이라 할 수 있다. 그런데 오늘날 중국은 HSBC를 상전 모시듯 극진히 대접하고 있다. 중국의 도시 고층 빌딩에서 HSBC의 간판을 아주 쉽게 볼 수 있다. 특히, 밤에는 흰색 바탕에 빨간 글씨라 더욱 잘 보인다. 국제금융 질서에서 선두에 서려는 중국이 유대인에게 국제금융에 관해 배우고 그들의 힘을 빌려 상하이를 제일의 국제금융 도시로 만들고자 하는 의도에서다.

어제의 적도 돈 앞에서는 고개를 숙일 수밖에 없다. 이것이 엄연하고도 냉엄한 국제 질서요 현실이다. 우리가 중국과 힘으로 대결하려는 것은 어리석다. 유대인처럼 금력에서 앞서야 한다. 그러려면 전 국민이 장사하는 상인이 되고, 상인이 안 된 국민은 투철한 상인 정신만이라도 갖고 있어야 한다. 상인이나 기업가가 영웅이 되는 사회를 만들어야 한다. 그러면 중국이 머리를 숙이고 들어오지는 않겠지만 그들과 당당히 맞설 수는 있다. 장사의 기본인 인성과 인성교육의 중요성과 필요성은 아무리 강조해도 절대 지나치지 않는다.

"알아둬요. 투기와 작전은 우리와 같은 거대 사업에서는 핵심 톱니바퀴요, 심장 그 자체입니다. 그것은 작은 도랑들을 통해 곳곳에서 돈을 불러오고 피를 축적하죠." 에밀 졸라Emile Zola, 1840~1902가 지은 『돈』이라는 작품에 나오는 얘기로, 꼭 유대인을 두고 한 말 같다. 그들은 일반 상인이 아니라, 말 그대로 상신들이 모인 상신족商神族이다.

글자가 돈이 되었다

그렇다면 유대인은 어떻게 해서 이런 국제적인 상업의 흐름을 쉽게 탈수 있었으며 상업적인 주도권을 고대로부터 지금까지 대를 이어 쥐게 되었을까?

유대교는 '배움'을 중시한다. 하느님의 섭리를 이해하려면 하나라도 더 배워야 한다는 것이다. 그래서 유대교는 배움을 기도와 똑같은 신앙생활로 간주한다. 이것이 다른 민족과 차별점으로 유대인들이 고대로부터 지금까지 저력을 발휘할 수 있었던 근본적인 이유다. 그래서 유대인은 어려서부터 글씨를 가르쳤다. 이는 마치 다른 민족이 겨우 한 손을 사용할 때 두 손과 두 발 외에 여러 가지 도구를 다 사용하는 능력과 재주를 지닌 것과 같다고 할 수 있다. 호랑이에게 날개를 달아준 것과 비교해도 조금도 무리가 없다.

유대인은 구약으로 불리는 『토라』를 읽는 것이 신을 경배하는 행위이자 민족의 의무였다. 『탈무드』도 마찬가지다. 자연히 글씨를 모르면 안되었다. 장사란 기본적으로 글씨가 수반된다. 상품의 수량이나 가격을 적을 필요가 있었지만, 계약서와 편지까지 모두 글씨를 읽고 쓸 줄 아는 유대인에게 절대적으로 유리하였다. 더욱이 『탈무드』로 장사의 기본을 익힌 유대인은 다른 민족 상단의 직원으로 들어가거나 상업 외의 직장을 구하더라도 그 지역 사람보다 월등히 유리했고 특별한 대접을 받았다. 그래서 수상, 법관, 재정 담당관 등 그 나라 정부의 주요 직책을 가진 사람도 많았다. 중세 최고의 랍비 마이모니데스Moses Maimonides, 1135~1204도 『의학원리집』을 집필한 의사이자 이집트 술탄의 주치의였다. 1492년 스페인 왕국이 유대인을 추방할 당시 스페인 의사 대부분이 유대인이었다.

글자의 힘이 다방면에 걸쳐 뻗치기도 하지만 대대로 쌓여 오늘날까지도 힘차게 내려온다. 특히, 랍비 마이모니데스처럼 생명과 관계된 의료 부문에서 상업 분야 이상으로 두각을 나타낸다. 인체에 면역이라는 치유력이 내포되어 있다는 현대 의학의 개념을 처음 밝혀낸 사람이 유대인 메치니코프Elie Metchnikoff, 1845~1916다. '살바르산 606' 매독 치료제로 화학 요법의 새 장을 연 사람도 유대인 생화학자 파울 에를리히Paul Ehrlich, 1854~1915다. 메치니코프와 에를리히는 1908년 노벨 생리의학상을 공동으로 수상했다. 코로나를 예방하기 위해 개발된 화이자와 모더나의 mRNA메신저 RNA 백신 탄생에도 헝가리 출신으로 나중에 미국으로 건너온 커털린 커리코Karikó Katalin 외에 많은 유대인의 끈질긴 연구와 노력, 협력의 결과였다. 화이자의 CEO 앨버트 불라Albert Bourla도 유대인이다. 이 외에도 인류의 병을 예방하고 치료하며 수명 연장을 위한 유대인의 업적은 이루 열거하기 어려울 정도다. 물론 이에 따르는 부와 명예 역시 상상을 초월한다. 본업인 상업 분야는 더욱 말할 것도 없다. 물고기가 물을 떠나 살 수 없듯이 유대인은 그야말로 장사 속에서 살다 장사 속에서 죽는다.

유대인들이 한창 번성했었던 솔로몬제국Solomonic Dynasty의 국력과 부의 근원도 주로 무역에 있었다. 솔로몬왕의 해상무역 탐험대는 지중해와 인도양은 물론 당시에 알려진 세계 끝인 중국까지 항해했다. 당시 일등 항해사와 지도 제작자들은 대부분 유대인이었다.

젊은이들이 유대인처럼 배를 타고 전 세계로 나가야 한다. 전 세계를 무대로 생각해야 한다. 그러려면 유대인처럼 인성을 '매일, 수시로, 평생' 수련하여 장사의 기본을 몸에 익혀야 한다. 장사의 기본이 몸에 배면 장사하고 싶어 몸이 근질근질해진다. 이렇게 되어야 한다. 우선 국내 시장에서부터 시작한다. 학교 마당을 장터라고 생각하는 것도 좋은 훈련법이다. 매일 마음만이라도 장터로 출근하자!

☞ "탈무드란 무엇인가?" 유튜브
(https://youtu.be/aGArRYumSig) 13:45

제4장

인성교육 맛보기

인성은 마음 기술이자 생존법

"바깥은 정글인데… 학교는 생존법을 가르치지 않는다. 최근 몇 년 동안 십대들의 불안증, 우울증, 자살 등의 비율도 훨씬 높아졌다." 최근의 우리 교육에 관한 매우 비판적인 평이다.

인성이란 '생존을 위한 마음 기술이자 생존법'이다. 마음먹기에 따라 행동은 달라진다. 인성교육이란 말 그대로 좋은 인성을 형성시키는 교육이다. 어려운 말은 아니지만 좀 막연하다. 이 말을 이해하는데 "영어교육이란 무엇인가?"를 생각하면 도움 된다. 영어교육에 뜻을 가진 젊은이가 외국의 전문 교육기관으로 유학을 가 영어 실력을 쌓고 국내로 돌아온다. 그리고 어느 특정 학교에 부임하여 학생들을 가르친다면 이는 영어 수업이지 영어교육이라 하기는 어렵다.

우선 국가에서 제1 외국어로 영어를 선택하게 된 이유를 국민에게 이해시키고 이를 위한 교육 정책과 교육을 시행할 수 있게끔 뒷받침이 있어야 한다. 해당 교육자를 양성하고 전문 교육기관이나 연구기관도 설립해야 할 것이다. 이렇게 준비된 다음 전국적으로 시행해야 한다. 주요 시험

과목으로 선택하고, 필히 대학 입시 성적에 반영하는 등 국민의 관심을 유도하는 일도 빼놓을 수 없는 일 중 하나다. 특히, 요즘 기업에 취업하려면 영어 실력이 뛰어나지 않으면 어렵다. 이 역시 영어교육이 일반화되는 데 크게 일조를 한다.

이제는 영어가 필수란 인식이 전 국민의 인식 속에 배어 있다. 영어 실력만을 위한 조기교육을 시행하는 부모도 많다. 성과가 높으니 너도나도 외국으로 어학연수를 떠난다. 비용이 많이 들므로 일부 학생들만 혜택을 받는 불공평한 점은 있다. 우리나라 교육 현장에서는 너무 필기시험 위주라 외국 사람을 만나도 인사 한마디 못 한다는 비난을 받지만, 그래도 영어 실력이 많이 향상된 것만은 틀림없다. 여기에 들어가는 국가와 개인의 전체 비용을 계산하면 상당할 것이다.

다른 교육도 마찬가지겠지만 인성교육도 이런 식이 되어야 바람직하다. 혼자나 일부 학교에서 시행한다면 이를 인성교육이라 하기는 어렵다. 인성교육에서 가장 중요한 것이 전 국민의 관심과 참여이며, 영어처럼 전국 학교에서 시행되어야 한다는 점이다. 일반적으로 말하는 실력이란 자신의 노력과 공부로 발전하지만, 여럿이 모여 있을 때 상대방에 의해 배우고 자극을 받아 더욱 발전한다. 참여자가 많으면 많을수록 실력은 저절로 상승한다. 전국적일 때 효율이 가장 높다. 그래서 자녀들의 학교생활과 교육이 중요하다. 100미터 달리기에 아무리 우수한 선수라도 두세 명만 참여한다면 좋은 기록을 기대하기 어렵다. 전 국민이 달리기에 관심을 두고 지역 대회부터 치열하다면 상호 도우미가 되어 본선에서 언젠가 세계 기록이 수립될 것이다.

인성도 국가와 전 국민이 관심을 둔다면 저절로 전 국민의 인성 지수가 높아진다. 만나는 사람 모두 인성을 지니고 학습하고 있으니 서로가 서로에게 영향을 주어 자극받고 향상한다. 인성교육에서 가장 필요하고 중요한 점이다. 인성교육은 영어에 비하면 공부할 것이 거의 없다고 할 정도로 이론적으로는 간단하고 쉽다. 다만, 전 국민이 같이 참여해야 한다는 점은 영어보다 더욱더 많이 요구된다.

영어는 학교 다닐 때부터 시험을 본다. 더욱이 대학 입시에서는 당락을 가르며, 취업에서는 더욱 그렇다. 그러므로 너도나도 매달리고 부모나 심지어 조부모까지 관심을 둔다. 인성교육의 기본은 예체능 수업인데, 암기와 입시 위주 교육에 밀려 이를 시행하는 학교가 거의 없다. 시험도 보지 않는다.

인성교육이 시행되지 않음을 언제까지 정부나 교육기관 등 남의 탓으로 돌릴 수만은 없다. 인성의 형성 여부로 혜택이나 손해를 보는 것은 결국은 우리 자신이므로 스스로 학습 방법을 찾아 시행해야 한다. 처음에는 혼자 하지만 나중에는 꼭 스터디그룹을 만들어 시행하기를 바란다. 영어교육처럼 전 국민이 관심을 두게 하는 시발점이 되어야 한다.

애창곡처럼 친근하게

인성교육에서 가장 중요한 점은 첫째도, 둘째도, 셋째도 '전 국민의 참여'다. 전 국민의 참여 없이는 인성교육이 성공했다고 할 수 없다. 영어교육에 성공했다고 하면 전 국민이 관심을 두고 영어를 어느 정도 자유롭게 할 수 있을 때를 말한다. 한두 사람이 영어를 유창하게 하는 상태를 말하지 않는다. 마찬가지로 몇 사람이 인성교육으로 성과를 거두었다고 해서 인성교육이 성공했다고 말할 수 없기 때문이다.

이와 같은 요건을 충족하려면 우선 전국적으로 인성교육을 시행하는 데 조금도 어려움이 없어야 한다. 이론도 쉽고 시행 자체도 쉬워야 한다. '만 보 걷기'처럼 남녀노소 누구나 참여하고 시행할 수 있어야 한다. 우리가 갖춰야 할 인성의 종류는 많다면 헤아릴 수 없이 많고 적다면 적다. 이론적인 공부를 하자면 많지만, 반복적인 학습과 수련을 해서 인성을 형성하는 데는 한두 가지 과제만 있어도 충분하다. 여기서는 이론적인 공부를 위함이 아니므로 '인사하기' 한 가지만 선정해 보았다.

'인사하기'처럼 전 국민이 참여하기 쉽고 일반적이며 거부감이 없는 행동은 없다. 다만 구체적인 시행 방법에 대한 설명은 필요하다.

1. 먼저 인사하기
2. 미소 지으며 인사하기
3. 칭찬하며 인사하기
4. 경청하기

이 정도면 전 국민이 참여하는 데 큰 불편이나 문제는 없을 것이다. 그리고 언제 어디서나 시행할 수 있다. 이렇게 쉽다면 당장이라도 시행할 수 있을 것 같다. 개인은 가능하다. 하지만 앞에서 지적한 대로 시행의 주안점이 전 국민의 참여라는 목표에 있다고 하면 꼭 쉽지만 않다. 그러므로 이것이 왜 중요한가를 다시 한번 강조해야 한다.

인성이란 일반 지식처럼 학습하는 대로 금방 성과가 나타나지 않는다. 매일 노력해도 겨우 미세한 모래 한 알을 얻는다고 생각하면 틀림없다. 인성으로 성과와 실리를 얻기가 참말로 요원하다. 중간에 그만두기 정말 딱 알맞다. 그만두는 사람을 보고 일방적으로 인내심이 없다고 말하기 어려운 것이다. 그런데 "인성의 형성과 성과는 참여하는 사람 수에 기하급수적으로 비례한다."라고 하였다. 즉, 친구하고 같이하면 모래알 둘이 아니라 제곱인 넷을 얻는다. 세 명이 같이 하면 셋이 아니라 아홉을 얻는다. 백 명이 참여하면 제곱인 만 개가 금방 생긴다. 그래서 전 국민의 참여가 필수라는 것이다. 이젠 눈에 잘 보이지 않는 모래가 아니라 서서히 돌덩어리나 바위가 되고 성城이 된다. 왜 '인사하기'를 정했는가를 진정으로 이해한다. 인사하기의 반복 학습과 훈련을 기본으로 많은 사람이 인성을

94

쉽게 형성하게 하기 위해서다. 따라서 전 국민이 참여한다면 이른 시일 안에 인성의 성과와 실리가 나타날 것이다.

학교는 물론 일반 학원에서도 수업 전후에 30초 정도 잠깐 시간을 내어 '인사하기' 훈련으로 인성교육을 시행할 수 있다. 대학에서도 할 수 있고 회사에서도 업무 시작 전후로 시행할 수 있다. 전 국민을 성공시킨다는 사명감으로 시행한다면 더욱더 효율적이다.

전 국민이 참여하여 성과가 나타나기 시작하면 과제 수를 조금씩 늘린다. 기회가 되면 토론 방식을 도입하는 것도 좋다. 토론하면서 내 의견을 상대방에게 이해시키고 설득하기 위해서는 어떻게 해야 하는가를 이론이 아닌 경험으로 배운다. 나아가 상대편의 말을 경청만 해도 내 편을 만들 수 있는 점을 익힌다. 인성의 핵심 역할인 대인관계를 이론이 아니라 실제로 경험하며 배우는 것이다. 선생이나 강사, 지도자는 교육생들의 질문을 예상하고 답을 사전에 공부하면 좋다.

공자는 "아는 이는 좋아하는 이만 못하고, 좋아하는 이는 즐기는 이만 못하다."라고 하였다. 인성을 즐겨야 극복하고 정복한다. 인성의 과제나 풀이를 애창곡 가사라 생각하고 즐기자.

진짜 해보기

교육 현장에서 기회가 되면 다음 세 가지를 설명한다.

1

인사하기가 돈과 연결되는 때가 '설날'이다. 그러므로 "설에 어른들께 세배하면 세뱃돈이 생기듯이 사회에서도 마찬가지로 돈이 생긴다."라며 교육을 시작한다. 돈은 생존의 도구다. 그러므로 인사하기는 생존 기술이다. 그냥 인사하면 예절이고 돈과 연결하면 인성이다.

일본 사람이 90도 절을 하는 것은 사무라이가 주군에게 충성을 맹세하는 의식에서 비롯되었다. 지금 당장 목을 쳐도 개의치 않겠다는 마음을 내보이는 것이다. 서양의 악수는 내 손엔 아무 무기도 없음을, 즉 적대감이 없음을 보여주는 것에서부터 시작했다고 한다. 인사가 생사를 가른다. 요즘에는 죽지는 않지만, 인사 잘못하면 경제적으로 어려워진다. 대인관계의 시작이 인사하기다. 같은 인사하기도 훈련이 필요하다. 애들도 세배를 연습한다. 아주 예쁘게 절하는 아이들이 있다. 특별히 세뱃돈을 더 받을 수 있다. 연습을 많이 한 결과다.

96

어린애들은 '설날'이 무슨 날인지를 안다. 어른들한테 엎드려서 절하고 용돈을 두둑하게 버는 날이다. 용돈이 궁한 자녀들은 이 날을 몹시 기다린다. 절하는 시간은 대략 몇 초 내외다. 절을 한 다음 어른들의 덕담이 30초 정도 계속된다. 그리고 만 원이나 몇 만 원을 받는다. 한 사람도 아니고 여러 사람한테서다. 시간으로 따지면 10분도 안 걸린다. 아무리 고급 직장이라도 이렇게 힘 안 들이고 짧은 시간 안에 10만 원 이상 돈 버는 방법은 없다. 하지만 이 상황을 잘 정리하고 응용하면 사회에서도 이런 식으로 돈을 벌 수 있다.

보충 설명 : 상대방에게 세배는 할 수 없지만 정중하게 허리를 숙여 인사는 할 수 있다. 이렇게 인사하는 사람에게 호감을 느끼지 않는 사람은 없다. 누구나 친구가 되고 싶고 같이 일하고 싶다. 당장 옆에 있는 친구에게 해 보라. 주머니에 있는 사탕이라도 꺼내주려 할 것이다. 이 사탕이 사회에서는 돈이다.

학생들은 세배를 집에서 응용해본다. 학교 갈 때 부모님께 "학교 다녀오겠습니다."라고 힘차게 인사하고, 갔다 와서는 "학교 다녀왔습니다."라고 웃으며 인사를 한다. 한 달 용돈이 저절로 올라간다. 용돈이 모자란다며 올려달라고 조르기 전에 용돈이 올라갈 수 있는 조건을 만들 줄 알아야 한다. 사회생활의 사전 연습이다.

이것이 인성의 학습과 훈련이다. 아파트의 정문 앞 경비원 아저씨께도 인사한다. 동네에서 자주 뵙는 이웃집 어른들께도 인사한다. 많은 사람이 나를 기억한다. 인사를 안 하는 친구와 비교하면 나를 기억하는 사람이 몇 배는 넘는다. 이것이 자산이다. 사회에 나가면 사람이 자산이다. 이 사람들이 언제 어디서 나를 만나 위기에서 구해주고 앞으로 나아가도록 도와줄지 모른다.

시작은 가정이요 학교의 친구들이다. 학교에서도 친구들과 만날 때마다 반갑게 인사한다. 재미있는 말을 생각하고 있다가 해준다.

3

시너지 효과 실습 : 이 책 2부에 실린 '시너지 효과'(☞ 144p 참조)의 내용처럼 신문지나 A4 용지를 준비하여 반씩 접는 실습을 한다. 27번을 접으면 달나라까지 가는 거리보다 멀게 두께가 나온다고 한다. 물론 실제로 몇 번을 접으면 다루기가 어려워지며 더는 접을 수가 없어 목표대로 경험하기는 어렵다.

하지만 이를 알면서도 인성교육 시간에 굳이 시도해보려는 목적은 도저히 감을 잡을 수 없을 정도로 상상을 초월한다는 시너지 효과의 이해를 위해서다. 그러면 인성으로 시너지 효과를 거둔다는 유대인을 조금이나마 이해하게 된다. 나아가 개인적으로 인성 학습을 처음 시작할 때는 모래알처럼 작게 느껴도 시간이 지나고 두 명, 세 명의 인성이 모이기 시작하면 금방 거대한 성이 될 수 있다는 점도 자연스럽게 받아들이게 될 것이다. 이 간단한 학습으로 인성교육의 저변 확대와 몇 단계 발전하는 계기가 되었으면 좋겠다.

제2부 **인성의 노래**

인성은

잔소리의 노래,

트로트처럼 즐기자.

제1장

인성의 노래

'인격'과 '인성'은 별개

"사랑은 무엇인가?"라는 유행가처럼 "인성은 무엇인가?"라는 제목의 노래를 만들어 소리를 내어 부르고 춤을 추며 신나게 인성 학습과 훈련을 시작해 보자. 인성은 절대로 엄숙하지 않다. 인성은 돈 버는 데 관한 이야기이기 때문이다.

인성은 다양한 습관이 기본 요소다. 이것들이 모여 인성이 된다. 그러므로 누구나 인성을 잘 안다고 자신하지만, 막상 설명하기는 쉽지 않다. 자신이 매일 학습하고 수련하면서 얻어진 경험이 자연스럽게 이야기로 표현되면 그것도 인성의 설명이 될 수는 있겠다. 하지만 수련을 하는 사람이 적으므로 쉽게 답하는 사람은 없다.

인성이 형성되는 데 여러 요소가 가미되고 영향을 끼친다. 사람에 관한 것이라 더 그럴 수밖에 없다. 그러므로 인성은 사전식 해석이 아니라 포괄적 이해나 접근이 필요하다. 자신도 알기 쉽지만 다른 사람에게 설명하기도 쉬워야 한다. 예전으로 갈수록 예의범절을 중시한 인격만 알았다. 인성이라는 말이나 개념이 없었다. 있어도 지금의 의미와는 달랐다. 경제

규모가 작아 고객을 사랑하고 배려하며 친절하다든지 하는 인성 개념이 없었으며 필요치도 않았다. 우수한 인성을 갖고 태어나도 실력을 발휘할 기회가 없으니 표가 나질 않는다. 인성의 가치를 개인이나 사회가 전혀 느끼지 못했다.

따라서 인성의 대중적인 정의는 경제가 발달하며 인성이 긴요하게 요구되는 사회가 되어서 절실하게 필요해졌다. 현재 우리 사회는 조그만 문제가 발생해도 대부분이 인성과 인성교육의 부재가 원인으로 지적될 정도로 여러 방면에서 인성의 역할과 책임이 대폭 커졌다. 이는 오늘날 모든 문제를 추적하면 그 근원이 경제라는 뜻과 같다. 또한, 경제 문제를 근본적으로 해결할 수 있는 핵심이 바로 인성이란 이야기도 된다. 경제와 인성은 불가분의 관계인 것이다.

인격과 인성의 구성 요소나 형성 과정은 거의 같다. 둘 다 생각과 행동이 반복되면서 나중에 몸에 밴다. 하지만 오랫동안 인성은 경제적인 여건이 성숙하지 않은 탓으로 인격 속에 묻혀 있었다. 경제가 발전함에 따라 인성이 인격에서 자연스럽게 분리된다. 고객 사랑이나 만족을 꾸준하게 시행한 기업이 국내는 물론이고 국제적으로까지 영역을 넓히고 발전한다. 개인 역시 마찬가지다. 경제학에서 경영학이, 영문학에서 영어 회화가 독립해 나오는 과정과도 비슷하다. 경제학과 영문학이 이론적이며 비실용적이라면, 경영학이나 영어 회화는 이론보다는 실용성에 비중을 둔다. 그런데 아직도 많은 분이 인격과 인성을 혼동한다. 인성을 자꾸 비실용적인 인격 수준으로 끌어올리면서 말을 하는 자신의 수준도 같이 올리려고 든다. 처음에 한배 속에 있었으니 구분이 잘 안 될 수 있다. 이제부터라도 별개로 보면 된다.

돈이 보이고 운명이 바뀐다

인성을 포괄적으로 살펴봤지만, 이것만으로는 자녀나 학생, 제삼자가 인성에 대해 물었을 때 선뜻 답하기가 어렵다. 그러므로 간단하게라도 이론으로 알아둘 필요가 있다. 가장 대표적인 답이 앞에서 소개한 윌리엄 제임스(☞ 73p 참조)의 말이다. 인성교육 담당자나 교육 강사라면 꼭 외워둘 필요가 있다.

"우리가 생각의 씨앗을 뿌리면 행동의 열매를 얻게 되고, 행동의 씨앗을 뿌리면 습관의 열매를 얻는다. 습관의 씨앗은 성품을 얻게 하고, 성품은 우리의 운명을 결정짓는다."

미국에서 인성이 중요시되기 시작한 것은 제2차 세계대전 전후1945라고 할 수 있다. 전쟁에서의 효율적인 군대 운영법이 전쟁이 끝나면서 민간 기업에 '경영'이란 개념으로 도입되기 시작하면서부터다. 피터 드러커 박사는 "경영은 사람이다."라고 하였다. 그냥 사람이 아니라 인성을 지닌 사람이다. 인성을 지닌 사람이 경영을 잘한다. 그러므로 윌리엄 제임스는 시대적으로 보면 경영학이 아니라 철학이나 심리학적인 개념에서 성품을 정의한 것이라 볼 수 있다. 하지만 성품이 형성되는 과정을 이보다 잘 설명한 예는 없어 인성 외에도 여러 방면에서 인용된다. 심리학은 물론이고 어떤 분은 미용 분야에서까지도 강조한다.

많은 분이 윌리엄 제임스의 말을 용도에 맞게 인용하지만, 중요한 사실 하나를 간과한다. "인성은 황금알을 낳는 거위"라고 했다. 이렇게 되느냐 일반 오리보다 가치가 떨어지느냐를 결정짓는 매우 중요한 요소다. 처음에 생각의 씨앗을 뿌린다. 그런 후 실제 씨앗처럼 가꿔야 한다. 가꾸지 않는다면 싹을 틔우기 어렵다. 매일 물을 주고 잡초도 뽑아줘야 한다. 가끔 비료도 주고 햇빛도 잘 들게 해야 한다. 그만큼 신경 쓸 일이 많다. 열매를 맺으면 다음 단계로 넘어가 똑같은 일을 반복해야 한다. 몇 번의 이런 과정 없이 마지막 단계인 '성품'의 열매를 거둘 수는 없다. 그런데 대부분 단계별 과정을 무시하고 아예 시행조차 하지 않는다. 입시 위주의 교육관습에 젖어 지식을 천천히 생각하며 반복적으로 익혀 내 것으로 만드는 훈련이 안 되어 있기 때문이다.

물론 안 해 보던 것이라 어려울 수 있다. 설혹 그렇게 느껴지더라도 돈이 된다는 생각으로 이겨내야 한다. 인성이나 습관에 관한 과제를 정해 눈에 잘 띄는 곳에 붙이고 수시로 보면서 마음속에 새기도록 하자. 평생 할 각오로 훈련해야 오래 묵은 포도주처럼 명품 인성이 된다. 그러면 진짜 돈이 보이고 운명이 바뀐다.

인성은 1%의 이론과 99%의 반복 훈련

인성은 반복 훈련이 전부라고 할 수 있어 "인성은 끝없는 반복 학습과 훈련이다."라는 말 외에 인성에 관해 솔직히 할 말이 없다. 하지만 '무엇 인가?'를 정해야 인성교육을 시작할 수 있으니 또 정의에 매달리게 된다.

공자는 일찍이 '정명定名'을 강조하면서 "반드시 이름을 바로 해야 한다. 이름이 바르지 못하면 언어가 순리로 통하지 않고, 언어가 순리대로 통하지 못하면 그 어떤 일도 성사되지 않는다."라고 했다. 이 말대로 인성의 정의가 제대로 서지 않으면 인성교육은 시작도 못 하고 발전도 못한다.

2015년에 '인성교육진흥법'이 발효된 지 올해2022로 7년이 지났다. 그런데도 일선 학교에서는 무엇을 어떻게 가르쳐야 할지 모르겠다고 하소연이다. 사전이나 인성교육진흥법에도 인성에 관한 약간의 정의가 있다. 하지만 그것만으로는 교육 현장에 적용하기에 한참 부족하다는 소리다.

무엇보다 태권도나 일반 체육, 예능 종목처럼 매일의 '반복 훈련'으로 인성이 형성된다는 점을 우선 충분히 인지해야 한다. "천재는 1%의 영감과 99%의 노력"이라고 에디슨은 말했다. 인성이 형성되는 과정이 바로 이 비율과 같다는 생각이다. "인성은 1%의 이론과 99%의 반복 훈련으로 이루어진다."라고 말이다. 그러므로 인성은 내용보다는 '반복 훈련'이 필요함을 더욱더 강조하고 시행토록 연구하는 교사가 진정 앞서가는 인성 교육자다.

유대인의 『탈무드』 내용은 동화처럼 쉽다. 쉬운 이유를 이해해야 한다. 반대로 내용이 어려우면 이해하고 외우는 데 시간이 많이 소요된다. 반복하여 내 것을 만드는 시간은 더욱 부족해질 수밖에 없다. 그러므로 반복 훈련을 시도는커녕 아예 생각조차 못 한다. 유대인의 『탈무드』는 이론이 별로 없고 쉬우니 반복에만 신경 써서 학습하고 훈련하면 된다. 그런데 우리의 모든 교육은 관습적으로 '99%의 이론과 1%의 훈련' 형태가 주류를 이룬다. 과학이나 화학 교육에 실습이 없는 것과 마찬가지다. 인성교육도 이 범주에서 벗어나지 못한다. 더욱이 인성교육 시간 자체가 없는 학교가 많다.

전 국민이 인성의 반복 학습과 훈련의 개념을 이해하고, "나는 할 수 있다."라는 과제 하나라도 마음속에 담는 훈련을 매일 시행해야 한다. 그런 날이 오면 바로 인성교육의 목표를 이룬 날이다. 내친김에 정부에서 '인성교육의 날'을 정해서 홍보하면 어떨까?

인성을 "좋은 말이 반복 훈련으로 언행일치가 된 상태"라고 정의해도 좋겠다. 더불어 교육자는 "인성의 형성으로 실리實利와 성과成果를 추구하고 실제로 거두어야 한다."를 빼놓지 말고 지겨울 정도로 반복해서 강조해야 한다.

숨쉬기가 왜 필요해?

"군인에게 총이 왜 필요한가?"라고 묻는 사람은 없다. 괜한 질문이다. 군인에게 총은 으레 있어야 하기 때문이다. 전쟁터에 나가는 군인이 총을 집에 놔두고 맨몸으로 가지는 않는다. "숨쉬기가 왜 필요한가?"라는 질문과 거의 같다고 할 수 있다. 모두 생명에 관한 사안이라서 더욱 그렇다.

돌을 주워서 못을 박으려면 힘도 들고 시간도 오래 걸린다. 하지만 망치라는 편리한 도구가 있으면 아주 쉽게 해결된다. 이처럼 인성은 사회생활을 쉽고 편하게 하는 필수 도구다. 돈도 쉽게 벌게 해준다. 성공하고 건강해지고 행복해진다. 그래서 필요하다. 없으면 정말로 하루를 살기도 어렵다. 원리는 너무나 간단하다. 인성을 지니면 본인의 노력에 많은 사람의 도움이 더해져 목표를 쉽게 이루게 해준다. 내 재주나 능력이 조금 부족해도 상관없다는 말이다.

인성이 충만한 가게를 예로 들어보자. 그곳에 가면 주인이나 종업원 모두 친절하다. 불편한 점이 없다. 불편하기는커녕 기분이 한없이 좋아진다. 고객은 누구나 왕이 되고 왕 대접을 받는다. 또 가고 싶어진다. 그래서 손님이 끊이질 않는다. 많은 손님이 주인과 종업원의 성공을 바라고 도와준다. 반대로 그렇지 않은 가게는 손님이 없어 고전하다 문을 닫는다. 반복 학습과 훈련을 통해 인성을 갖춘 다음, 가게를 운영하거나 취업하면 성공하는 데 별 지장이 없다. 음식점 외에도 성공 못 할 분야가 없다. 하지만 대부분 그냥 자신감만 지니고 가게를 연다. 적어도 인성이 왜 장사에 필요한지 정도는 알고 시작해야 한다.

일반적으로 인성과 인성교육이 필요하다고 생각하는 사람은 많다. 하지만 학습하고 훈련하여 자기 것으로 만들려는 사람은 안타깝다고 할 정도로 적다. "거짓말이나 도둑질 안 하면 됐지, 뭐가 더 필요하냐?"는 식이다. 하지만 보석도 갈고 닦지 않으면 가치가 떨어진다. 이 사실을 알고 있는 사람도 인성을 갈고 닦는 일에는 유달리 인색하다. 하루하루 먹고살기 바쁜데 언제 인성을 학습하고 훈련할 시간이 있느냐는 사람도 있다.

인성 수련은 특별한 능력이나 재주가 있는 사람만이 시행하는 것이 아니다. 누구나 원하면 갖추고 발전시킬 수 있다. 게다가 단식斷食처럼 극한적인 인내심을 요구하지도 않는다. 다만, 지루하고 재미가 없어 반복 훈련을 지속하기가 어렵다. 그러나 보통 사람이 맨주먹으로 쉽게 성공하는 방법은 인성 수련 외에는 없다. 더 쉬운 방법이 있다면 그것을 하면 된다. 찾아보고 없다면 인성을 수련하라.

학교에서는 학년이 올라갈수록 더욱 수준 높은 과목을 가르치고 배운다. 하지만 인성은 처음 배운 몇 가지 내용을 평생 반복하는 것이 학습의 전부다. 매일 똑같은 숨쉬기지만 반복해야 살 수 있다는 말을 되새기면 도움이 된다.

바보야, 문제는 인성이야!

최근 언론에 보도된 국내의 세 가지 문제를 짚어본다.

1 "통계청은 2022년 2월 23일 '2021년 출생통계 잠정 결과'를 발표했다.
2021년 합계출산율은 0.81명으로 전년(0.84명)보다 0.03명 감소했으며,
올해는 0.7명대로 전망한다고 하였다. 세계적으로 가장 낮은 수준이다."

2 "초급 장교 기근, 육군 뿌리가 흔들린다. 초급 장교의 자질과 리더십
은 사병들의 사기와 전투 승패에 결정적인데 ROTC 학사 장교가 급감
하고 있다. 개선은커녕 악화 일로에 있다." 사병들은 무능 간부가 적보
다 무섭다고 한다.

3 "가출 청소년 매년 증가"

세 가지 모두 국가의 존망을 가를 정도로 심각한 문제가 아닐 수 없다.
더욱이 각각이 다르고 굉장히 복잡하게 보인다. 하지만 밑바탕으로 내려
가면 모두 경제적인 문제와 연관된다. 출산율만큼 경제와 연관 있는 사안
도 없다. 취업이 어렵고 취업이 되어도 일정한 수준의 수입을 보장받지를

못하니 결혼하기 어렵다. 설혹, 결혼을 하더라도 주택이나 사교육비 등의 부담이 커 자녀를 낳지 않는다. ROTC 장교 문제도 예전처럼 취업에 월등한 조건이 되질 못 하니 유능한 지원자가 급감한다. 전쟁이 없는 상태에서 애국심에만 호소하여 지원자를 늘릴 수는 없다. 가출 청소년 문제도 결손 가정에서 시작하여 경제적으로 어려운 가정에서 많이 일어난다.

이제 경제적인 문제라는 것을 알았다. 정부에서 돈으로 해결하면 될 것이다. 하지만 일시적인 도움은 될 수 있으나 지속할 수는 없다. '물고기'를 언제까지나 국가에서 무료로 나눠줄 수는 없기 때문이다. 그렇다면 어떻게 해야 할까? 답은 '물고기'란 단어에 나와 있다. 곧, '물고기 잡는 법'을 가르치면 된다. 물고기 잡는 교육이 바로 인성교육이다. 즉, 어려서부터 가정에서 인성교육을 시키는 것이 최선의 답이자 방법이다. 나아가 학교나 사회로까지 계속 이어진다면 그야말로 금상첨화錦上添花다.

무명無名의 정치가 빌 클린턴Bill Clinton은 "바보야, 문제는 경제야!"라는 선거 구호로 돌풍을 일으켜, 거물급인 부시의 재선을 막아서고 미국의 42대 대통령으로 당선됐다. 모든 문제가 경제에 달려 있다는 유머러스한 구호가 호소력 있게 유권자들에게 전달되었고, 실제로도 그랬다. 국가나 기업, 개인에게 경제 외에 도대체 무엇이 문제란 말인가? 있어도 웬만한 문제는 경제력으로 거의 다 해결할 수 있을 것이다. 그런데 경제 외에 자기만의 독특한 방법으로 해결할 수 있다고 주장한다면? 바보라는 소리 듣기 딱 십상이다.

그러므로 어느 누가 대통령에 출마해 "바보야, 문제는 인성이야!"라는 선거 구호를 사용한다면 클린턴처럼 무명이라도 당선될 것이다. 물론 일반인이나 기업인이 이런 생각을 지닌다면 천하무적이다. 안 될 일이 없다.

단 하나만 통해도 충분하다

우리는 궁금한 게 있으면 인터넷을 검색한다. 답을 쉽게 구할 때도 있고 답이 너무 많아 어떤 것을 택할지 모를 때도 있다. '인성'과 관련된 단어도 보통 많지는 않다.

7년 전쯤에 온라인 서점에서 책 제목에 '인성'이 들어간 책을 찾아 세어본 적이 있다. 약 200종이었다. 2022년 새해 들어 다시 세어보니 6,320종이나 된다. 인성의 중요성과 필요성이 나날이 강조되고 있어서 그렇다고 보면 놀랄 일은 아니다. 더욱이 인성은 4차 산업혁명 시대에 가장 중요한 요소라고도 했다. 여러 출판사에서 2~3종도 낼 수 있는 환경이다.

2015년에 '인성교육진흥법'이 제정되면서 매년 급격히 늘어난 탓도 있다. 여기에 일선 학교의 선생님, 개인의 의견이 실린 카페나 블로그, 유튜브까지 있다. 이들 자료까지 모두 합치면 '인성'에 관한 의견이나 주장은 가히 '춘추전국시대'나 '제자백가시대'에 비유해도 훨씬 넘는다. 모든 주장이 다 맞을 수 없지만 그렇다고 틀리다 할 수도 없다. 더욱이 6천3백여 종의 책을 다 살펴보면서 인성에 관한 의견을 상세하게 알아볼 방법 또한

112

없다. 인터넷에 실린 각종 자료도 무시하기 어렵다. 어떻게 하는 것이 가장 좋은 인성교육 자료를 구하는 방법이 될까?

유대인의 인성교육 교과서는 『탈무드』 한 종류뿐이란 사실이 답이다. 유대인은 인성에 관해서도 그렇지만 '처세술'이나 '성공의 습관'에 관한 책이 별도로 없다. 우리에게 소개되는 이 분야의 번역서들은 대개 미국에서 발간된 책들이 많다. 내용도 모두 훌륭하다. 대학교수나 일반인이 평균 30여 년 이상 자료를 모으고 연구해 책을 내는 경우도 흔하게 볼 수 있다. 하지만 책의 효력이나 감동은 짧게는 한 달에서 길면 석 달 정도라고 한다. 그리고 잊는다. 그러다 새로운 책이 나오면 또다시 구매하고 다시 똑같은 과정을 거친다. 이러한 현상이 매우 일반적이다 보니 이를 당연하게 여긴다. 한편으로는 독서량을 은근히 자랑하기도 한다.

책을 안 읽은 사람보다는 읽은 사람이 분명히 낫다. 하지만 이러한 일련의 행동이 반드시 인성이 되지는 않는다. 인성 수련은 '수적천석水滴穿石, 작은 물방울이 돌에 구멍을 뚫는다.'처럼 생각해야 한다. 여러 개가 아니라 단 하나의 과제만이라도 평생 반복해서 수련하면 되는 것이다. 유대인이 『탈무드』 한 가지만 갖고 평생 반복 학습하여 성과를 내는 것처럼 굳이 여러 책이나 방법을 찾을 필요가 없다는 말이다.

그렇다고 다른 책을 읽지 말라거나 필요 없다는 소리는 아니다. 우선 자기가 골랐거나 부모님이나 스승, 선배가 권하는 한 권의 책을 선정하여 평생 반복 학습한다. 이를 기본으로 집을 지을 때처럼 인성의 뼈대를 세운다. 그리고 다른 책이나 정보, 자료 등을 그 위에 진흙을 바르듯이 입히면 된다. 뼈대는 바뀌지 않지만, 진흙의 재료나 색깔이 마음에 안 들면 떼어내고 바꾸거나 덧칠할 수 있다.

독립운동하는 심정으로

인성의 지님은 대개 다음의 세 가지 유형으로 나누어 볼 수 있다. 첫 번째, 천부적으로 타고난다. 두 번째, 잠재되어 있다가 중간에 계발된다. 세 번째, 백지상태에서 평생 학습으로 익힌다.

첫 번째의 예는 소위 자수성가한 사람 중에 많다. 현대그룹을 창업한 정주영鄭周永, 1915~2001 회장 같은 분이다. 초등학교 학력으로 특별히 인성교육을 받은 적은 없다. 하지만 타고난 인성으로 대한민국에서 가장 큰 성공을 거두었다. 예전에는 '한국의 포드'로, 요즘에는 전기차의 대명사인 '일론 머스크'에 비견된다. 두 번째의 경우는 직장에서 빠르게 본부장이나 이사, CEO가 된 사람 중에 많다. 세 번째는 반복적인 교육과 훈련으로 뒤늦게 성공하는 사례다. 대상자가 가장 많은 대신에 인성에 관심이 적어 교육에 어려움이 많다. 따라서 성과가 있어도 개인적인 조그만 성공에 그치는 등 미약하다. 성과가 미약하다 보니 주위의 관심을 끌기가 어렵다. 하지만 이들의 저변이 넓어져야 한다. 사회는 특정한 분야가 아니라 전 분야가 고르게 발전해야 하며, 이런 식의 발전이 국가와 사회의 진

114

정한 힘이 되기 때문이다.

많은 사회지도자가 인성의 중요성과 필요성을 강조하며 인성교육을 시행하기는 한다. 하지만 반복 학습과 훈련의 개념이 빠져 있어 시간이 지나면 교육 내용을 잊어버리고 예전 상태로 돌아간다. 인성에 관한 모든 것을 포기한 상태가 되기도 한다. 그래도 이들을 추슬러서 다시 인성교육에 도전시켜야 한다.

열심히 하는 사람도 바쁘거나 피곤하여 잊고 인성 학습을 빼먹을 수 있다. 하루를 안 하면 일주일이나 한 달이 그냥 지나간다. 그런데 지하철 등지에서 다른 사람이 인성에 관한 이야기를 하거나 학습하는 모습을 가끔 본다면 그 사람들 덕분에 인성 학습을 한 셈이 된다. 잊고 안 하던 자신을 반성하는 계기도 된다. 전 국민의 30% 이상만 매일 인성 학습에 관심을 두고 돌아가면서 시행해도 된다는 말이다. 누구나 다른 사람으로 인해 매일 학습한 효과가 나타나기 때문이다. 우리도 전 민족이 인성 학습을 시행하는 유대인처럼 되어야 한다. 일부 교육자들은 자신의 전공 밖이라고 생각할지도 모른다. 하지만 누구나 가장 중시해야 할 사안이다.

이 책의 목적도 다양한 이론의 습득이 아니라 한 사람이라도 매일 인성이란 풀장에 온몸을 반복적으로 적시게 하려는 데 있다. 풀장에 들어갔다 나온 사람이 다른 사람과 악수를 하거나 반가운 마음에 껴안으면 자동으로 상대방도 물에 젖는다. 사무실 직원 중 한 사람이 시작하고 몇 사람이 동참하면 사무실 안은 인성이란 습기로 가득하고 바닥은 물기가 흥건할 것이다. 하루에 한 번 이상은 조직의 누구라도 인성의 풀장에 몸을 던져야 한다.

남의 나라 지배에 놓였을 때 지도자 한두 사람의 독립운동이나 정신으로 벗어나기는 어렵다. 독립하겠다는 각오를 전 국민이 갖는 것이 무엇보다 중요하다. 인성도 마찬가지다. 인성교육으로 국가가 독립한 이상의 성과가 나타날 것이니 마다할 이유도 없다.

따라서 '인성교육은 독립운동'이란 각오로 시행해야 한다. 그래야 인성교육의 시행 중 어려움이 닥쳐도 극복할 수 있다. 또한, 실제 독립운동처럼 전 민족이 참여해야 한다. 독립 정신은 국가가 독립한 다음에도 계속 이어져야 한다.

☞ "인성교육은 독립운동" 유튜브
(https://youtu.be/iGno0TDzcg0) 19:49

아직 시작도 못 했다!

칭찬이란 말을 모르는 사람은 없다. 칭찬받고 기분 좋지 않은 사람도 없다. 보통 사람만 그런 것이 아니다. 하물며 성직자라도 그렇다. 자연히 칭찬에 관한 책이 많을 수밖에 없다. 언론에서도 자주 강조한다. 기업 활동과 사회적으로 영향을 미치는 칭찬의 효능에 관해 과학적인 근거나 이론까지 상세히 실린다. 개인들의 '카톡방'에도 칭찬에 관한 명언이나 사례가 가장 많다. 그러니 칭찬에 관한 글을 안 보는 날이 하루도 없다.

많은 이야기 중 대표적인 분이 소아마비를 앓았던 미국의 프랭클린 루스벨트Franklin Roosevelt, 1882~1945 대통령이다. 어려서는 아버지가, 결혼해서는 부인이 늘 "할 수 있다. 잘하고 있다."라는 식으로 칭찬과 격려로 용기를 주었다. 루스벨트 대통령은 제2차 세계대전을 승리로 이끌었으며, 미국 최초이자 마지막으로 네 차례나 연임한 대통령이 되었다. "칭찬은 보통 사람을 위대하게 만드는 자양분이다."라는 말이 가장 잘 맞는 분이다. 그런데 여기서 정작 하고 싶은 말은 칭찬의 좋은 점이나 성과가 아니다. "칭찬하기가 너무 힘이 들고 어렵다."라는 말을 하고 싶은 것이다. 현재 칭찬에 능숙하지 못한 분들이 "나한테 별 잘못은 없네!"라고 위로받을 수 있는 말이다.

　필자가 인성과 인성교육을 연구한 지 20여 년이 지났다. 훈련도 겸했으니 칭찬 훈련도 20년쯤 되는 셈이다. 그런데 훈련만큼 칭찬을 못 하고 있다는 사실을 최근 들어 더욱 느낀다. 10년이면 강산이 변한다고 했다. 그런데 강산이 두 번이나 변하는 20년 동안 '칭찬' 하나 제대로 정복하지 못했다는 사실이 부끄럽다. 누구와 만나고 전화를 하거나 문자를 주고받든 후회를 많이 한다. 상대방이 잘했을 때도 많고, 칭찬을 들으려고 일부러 한 말이나 행동도 있다. 그런데 거기에 대해 제대로 대응해 주지 못한 적이 너무 많다. 그때 칭찬을 했으면 상대방이 얼마나 기뻐했을까, 하는 마음이 들어서 지나고 난 다음 아쉬움에 몹시 후회한다. 죄를 지은 느낌마저 든다. 칭찬받은 사람 중에 누가 국제적인 인재가 될지는 아무도 모른다. 만나는 만萬 사람 중에 마지막 사람이 해당할 수도 있다.

　필자는 현재 프랭클린 훈련법대로 13가지 과제를 바꿔가면서 일주일 단위로 훈련을 하고 있다. 그런데 '칭찬' 주간에도 무심하다고 할 정도로 그렇게 지나칠 때가 많다. 세월이 지나면서 발전하는 것이 아니라 오히려 퇴보한다는 생각이다. 유대인이 어려서부터의 인성교육으로 인성이 충만한 데도 인성 학습을 평생 반복해서 시행한다는 말이 마음 깊이 다가온다. 더욱이 유대인은 전 민족이 조상 대대로 해 왔다. 누구나 몇 백 년 이상 학습과 훈련한 성과가 유전적으로 몸에 배어 있다. 이렇게 따지면 개인의 20년 학습과 훈련은 "아직 시작도 못 했다."라는 말이 맞는다. 더욱 겸손해지고 열심히 하겠다는 것 외에는 할 말이 없다.

놀아도 괜찮아

초등학교 1학년 학생들에게 '1+1'을 가르치고 시험을 본다면 틀리는 학생이 없다. 가정에서나 유치원에서까지 미리 배워 오기 때문이다. 분별이 되질 않아 시험의 목적인 성적 순위를 정할 수 없다. '100+100'이 등장한다. 하지만 어느 정도 시간이 지나면 역시 우열을 가릴 수 없게 된다. 더 어려워진다 해도 누구나 받는 사교육 덕으로 쉽게 푼다. 어쩔 수 없이 매년 시험 수준이 올라가고 학습량도 배 이상 늘어난다.

점점 못 따라오는 학생이 생기기 시작한다. 고등학교에서는 따라오는 몇몇 학생을 위주로 수업 시간과 반을 편성하고 가르치기도 한다. 유명 대학에 보내 학교의 명예를 높이기 위해서다. 여기에 속한 학생들은 공부를 잘한다는 소리를 들을지언정 자칫 시험 준비 외에는 아무것도 할 줄 모르는 성인으로 자란다. 못 한다기보다 익힐 시간이 없다. 학생들 모두 점점 시험 기술자가 된다.

요즈음 초등학교 교과서를 보면 예전 부모들은 깜짝 놀랄 것이다. 수준이 높기도 하지만 무슨 말인지 이해하기 어려운 용어들 때문이다. 중·고등학교는 말할 수 없이 더 어려워졌다. 그런데 일부 선택된 학생들은 문제를 잘 푼다. 자연히 내년은 올해보다 더욱 어려운 내용이 실리고 교사들은 가르칠 것이다. 우리나라의 교육자, 학부모, 학생 모두 어려운 시험과 성적에 완전히 중독되었다. 중독의 특징은 시간이 지날수록 모든 단위가 점점 올라간다는 점이다. 그리고 여기서 벗어나기도 더욱 어려워진다.

선진국이라고 특별한 인성교육을 하는 것은 아니다. 다만, 시험 위주가 아니다 보니 남는 시간이 많다. 이때 인성을 가르칠 수 있고 스스로 형성하기도 한다. 우리나라에서 활동하는 영국인 칼럼니스트 팀 알퍼Tim Alper 씨가 한 말이다. "영국에서는 중·고등학생들이 오후 2~3시면 학업이 끝나 공원에서 모두 모여 놀기 바쁘다. 그런데 우리나라 학생들은 그 시간에 모두 학원 가기 바쁘다."라고 하였다.

영국 학생들이 우리나라 학생보다 평균적으로 공부를 덜 하는 것은 아니다. 다만, 우리는 태어나자마자 고개만 들면 공부를 하는 대신에 그들은 몸과 마음을 서서히 단련하며 충분한 준비를 마친 다음 본격적인 공부를 시작한다. 그래도 우리가 쫓아가질 못한다. 대학에서 리포트를 내느라 며칠 밤을 새우고도 끄떡없다. 심신이 튼튼해졌고 공부가 재미있어서다. 우리는 오직 대학에 들어가기 위해 공부를 한다. 공부에 재미를 붙이지 못한다.

사회의 모든 구조와 평가 기준이 오직 입시 위주의 시계에 맞춰져 있다. 상대적으로 인성교육도 시행하지 않는다. 인성을 중시해서 성공하는 방법이 쉬운 데도, 오직 시험으로 성공하는 방법만 찾는다. 관습이다. 관습의 쇠사슬을 과감히 끊어야 한다.

인성은 연금술

사람들은 왜 황금알 낳는 거위를 좋아할까? 황금을 싫어하는 사람은 없기 때문이다. 그렇다고 무턱대고 황금알 낳는 거위를 좋아하는 것은 아니다. 만일에 거위가 사료로 금가루를 먹는다면 얘기가 전혀 달라진다.

100g의 금가루를 먹고 100g의 황금알을 낳는다면 금가루가 금덩어리로 되었을 뿐 실제 가치의 변화는 별로 없다. 거위를 애완동물로 기른다면 모를까 애쓴 보람이나 실익이 전혀 없다. 이 거위를 사람들이 진짜 좋아하는 이유는 천 원어치의 보리쌀을 먹였는데 천만 원짜리 황금알을 낳기 때문이다.

이런 성과를 싫어할 사람은 없다. 하지만 이는 동화요 꿈이다. 현실에서는 "콩 심은 데 콩 나고, 팥 심은 데 팥 난다."라는 식으로 잘 일어나지 않는다. 그런데 만일 이런 황금알을 낳는 거위가 실제로 있다면 아무리 악조건이 앞을 가로막고 힘센 자가 말린다고 해도, 너도나도 거위를 구해서 키울 것이다. 그런데 이 거위는 멀리 있지 않고 항상 우리 주위에 예전부터 있었다. 주인공은 바로 인성이다.

취업이 너무 어려워져 국가와 온 국민의 관심사가 되었다. 코로나19 팬데믹으로 기업활동이 위축되면서 더욱 어려워졌다. 그런데 기업에서는 "기본 인성을 갖춘 인재가 있으면 정원 외라도 뽑겠다."라고 한다. 전쟁을 치르는 장수는 무예가 출중한 무사가 있다면 정원에 상관하지 않을 것이다. 기업도 마찬가지다. 더욱이 모든 사회 문제의 근본 원인으로 인성교육이 제대로 시행되지 않는 면이 지적된다. 인성이 사회적으로 정착하면 무슨 분야든지 다 해결될 수 있다는 소리다. 노벨상 수상자의 22%, 세계 백만장자의 20%가 유대인이다. 그들의 교육 정책이 "학교 교육보다 인성교육을 먼저"라고 했으니, '인성이 황금알을 낳는 거위'임을 완벽하게 증명하고 있다.

아침부터 저녁까지 필요한 것이 돈金이다. 도저히 황금을 싫어하거나 멀리할 수가 없다. 아무리 인성의 학습과 훈련에 어려운 여건이 많더라도 이겨내고 인성을 길러야 한다. 인성이 보리쌀을 금으로 만드는 연금술鍊金術이기 때문이다.

안경과 인성의 공통점

평상시에는 안경을 끼지 않는다. 운전할 때도 벗는다. 신문이나 책을 볼 때와 컴퓨터 작업을 할 때만 낀다. 안경을 다시 낄 때는 가운데 코걸이나 귀걸이 부분을 손가락으로 쥐고 주의해서 끼려고 노력한다. 될 수 있는 대로 안경알을 만지지 않기 위해서다. 그런데도 눈에 뭐가 낀 듯이 뿌열 때가 많아 벗어서 안경알을 등에 비춰보면 웬 손자국이 그렇게 많은지 모른다. 지문이 여기저기 묻어 있어 안개가 낀 듯이 흐리다. 많을 때는 비누질을 해서 물로 닦고, 심하지 않을 때는 부직포로 입김을 불어 닦는다.

일부러 눈을 만지는 사람은 없을 것이다. 안경알이 더러우면 마치 눈을 직접 손으로 만진 듯이 기분이 안 좋다. 그래서 다음에는 절대 그렇게 되게 하지 않겠다고 다짐하지만, 며칠 만에 살피면 역시 또 지문이 잔뜩 묻어 있다. 왜 이렇게 쉬운 것 하나 제대로 못 지키나 하며 자신을 질책한다. 그러나 아무리 주의해도 안 된다. 해결책은 수시로 닦아 두는 것이다. 이외에 안경알에 아무것도 안 묻게 유지할 방법은 없다. 그래도 쓰고 나서 발견하게 되니 안경알을 항상 깨끗하게 유지하기란 쉽지 않다.

"몸이 천 냥이면 눈은 구백 냥"이라고 하였다. 눈의 역할이 몸에서 90%

로 그만큼 중요하다는 말이다. 당장 눈이 안 보인다면 그보다 불편함은 없다. 시력이 안 좋아져도 불편하다. 아주 예전에는 별 방법이 없었다. 안경이 발명되었지만, 너무 비싸서 돈 많은 사람이나 쓸 수 있었다. 이젠 플라스틱 유리로 만들어져 가볍고 가격도 싸져 널리 대중화되었다. 안경 덕분으로 누구나 잘 볼 수 있게 되었다. 그러니 일상에서 안경처럼 소중한 도구는 없다. 따라서 안경알을 자주 닦음은 즐거워해야 할 일이다.

안경이 인성과 비슷한 점이 많다. 성공하는 데 인성이 눈만큼 비율적으로도 중요하다. '성공의 요인'을 분석한 한 자료를 보면 "85%가 대인관계"라고 하였다. 대인관계의 성과를 좌우하는 핵심이 바로 인성이다. 눈이 나빠도 안경으로 밝은 세상 곳곳을 선명히 잘 볼 수 있다. 못 보았던 곳까지도 본다. 마찬가지로 지식과 기술이 부족해도 인성이 안경처럼 그 이상의 역할을 해주어 누구나, 얼마든지 성공할 수 있다.

그런데 인성을 잠시 몸에서 떼어 놔두면 안경처럼 금방 뭔가 덮어 쓴다. 잘못한 행동이나 말을 한 적이 없다고 해도 자기도 모르는 사이에 먼지 같은 이물이 낀다. 평소 인성을 갈고 닦아도 막상 말이나 행동이 필요할 때 그냥 지나칠 수 있다. 그런데도 아무 조치 없이 그냥 놔둔다면 더욱더 잘 안 된다. 인성도 안경알처럼 깨끗이 유지하기 어렵다. 방법은 역시 평상시에 열심히 갈고 닦는 일이다. 그래야 필요할 때 제 역할을 한다. 안경이 인성이고 인성이 안경이다.

기본이 모든 것을 관통한다

동네에 오래된 음식점이 하나 있다. 집은 허름하지만 음식 솜씨가 있어 손님이 꽤 많다. 그런데 갈 때마다 거의 매번 보는 장면이 있다. 50대 정도인 주인 남자가 조그만 절구통에 마늘을 넣어 손으로 하나하나 빻고 있다. 기계에 갈면 마늘즙이 빠져나가 음식 맛이 떨어진다고 한다. 돌아가신 자신의 아버님께서 "다른 것은 다 바꿔도 마늘 빻는 법은 바꾸지 말라."라고 당부하셨다고 한다. 항상 문 앞의 계산대 옆에 앉아 시위하듯이 빻는다. 홍보 만점이다. 하지만 대부분의 음식점은 중국에서 기계로 갈아 온 수입 마늘을 쓴다.

공자는 "내가 많이 배워 모두 외우고 있는 것이 아니라, 하나로 모든 것을 관통하고 있다."라고 말했다. 예전이나 지금이나 배울 것, 익힐 것은 너무 많아 셀 수가 없다. 아무리 밤잠 자지 않고 공부해도 다 섭렵하기 어렵다. 아는 것보다 모르거나 아예 취급도 안 해 본 분야가 항상 더 많다. 그런데 공자는 하나를 알아 그 모든 것을 관통한다고 말하고 있다. 공자의 진정한 뜻을 100% 이해하기는 어렵지만 가끔 비슷한 경험을 한다.

기본이 모든 것을 관통한다는 생각이다. 운동 경기를 중계하는 방송에서 해설자로 나온 분이 경기 외적으로 하는 말 중에 '기본'에 관한 이야기를 가장 많이 한다. 기본이 중요하다든지, 기본이 잘된 선수가 기량도 뛰어나다든지 등의 말이다. 기본은 대부분 쉽다. 대신에 지독한 반복 훈련을 해야 성과가 난다. 반복은 재미없고 지루하여 누구나 싫어한다. 그래서 기본을 건너뛰는 선수가 많다. 하지만 높은 기술만 익힌 선수는 응용력이 떨어진다. 수준이 높은 경기에 나갈수록 기본을 제대로 익힌 선수가 유리하다.

화학에 관해 유명한 상을 받은 사람이 한 모임에 나왔다. 하지만 모임에 화학이나 이 사실을 아는 사람이 없어 의외로 말을 거는 사람이 없다. 그런데 한 젊은이가 "상 받은 것을 축하드립니다. 어떤 연구로 수상하셨나요?"라며 말을 건넸다. 순간적으로 이 수상자가 열변을 토한다. 약 1시간 이상 말을 했다. 모임이 끝나고 이 수상자가 친구에게 한 말이다. "세상에서 그렇게 화학에 관해 해박한 지식을 가진 사람은 처음 본다."고 했다. 듣는 사람은 사실은 화학에 관해 전혀 문외한이었다. 한 일이라고는 고개를 끄덕이며 가끔 가다 "아, 그래요."라고 답했을 뿐이다.

마늘을 손으로 빻는 거나 기본, 경청 등의 '쉬운 하나'가 많은 것을 관통한다. 세상 사는 데 모든 것을 관통할 수 있는, 하나만 있으면 된다는 소리다. 그렇다면 "웃으면 만복이 온다."처럼 관통 요건을 완벽하게 갖춘 말도 없다.

아주 쉽게 신사 되기

오래전 동네 이발소에 갔다가 감당 못 할 칭찬을 들은 적이 있다. 이발사 양반이 나더러 신사紳士란다.

우리 동네 이름은 예전에 배밭이 있어서 배밭골이라고도 불린다. 말을 그대로 옮기면 다음과 같다. "한 선생님이 '배밭골에 남은 마지막 신사'라고 합니다."이다. 네거리 모퉁이에 있는 세탁소 아저씨가 그러더라는 것이다. 기분이 나쁘지는 않았지만, 말이 나온 배경을 짐작하기 어려워 별말 없이 "그래요?" 하고 말았다. 가끔 세탁물을 맡기러 갔을 때 주인아저씨와 마주친 적은 있었지만 긴 얘기를 서로 나눈 적은 없다. 당시 그 아저씨는 나이가 많았고 나는 그래도 젊은 편이었다. 세탁물을 맡기러 와서 말을 함부로 하는 사람이 있을 수 있다. 그런 사람에 비해 내가 존댓말을 얼버무리지 않고 정확하게 발음해서 그랬나? 나도 그 아저씨가 일반 가게 주인처럼 친절하진 않았지만, 무뚝뚝하게 보이는 얼굴에서 오히려 상당히 호감을 느끼고 있었다. 그리고 이 말을 들은 지 얼마 후 이사 가셨다. 그 후 뵌 적은 없다. 그 아저씨는 떠났지만, 소문은 동네에 퍼진 채로 남아 있다. 돈을 많이 번 3인은 누구, 누구다. 그런데 신사는 단 한 사람, 나라는 것이다.

집으로 가는 길에 소규모 직물 공장이 하나 있다. 여기 공장 사장님도 동네에서 돈을 번 3인 중 한 분이다. 그런데 이 분이 내가 퇴근할 때쯤이면 공장 앞 슈퍼에서 맥주를 드시다가 기다렸다는 듯이 나를 부른다. 이 동네에서 얘기를 나눌 사람은 황송하게도 나밖에 없다는 것이다.

조그만 동네에서 친하게 지내는 사람도 별로 없고, 동네 소모임에 잘 나가는 편도 아니다. 동네에서 봉사 활동한 적도 없고 동네 행사에 돈을 두둑하게 낸 적도 없다. 그런데 몇 번 마주친 세탁소 주인아저씨가 '신사'라는 마음의 훈장을 주고 떠났다. 까닭이라면 인성 훈련을 매일 한 것 외에는 없다. 아무리 그래도 '마지막 남은 신사'라는 말은 과분할 뿐이다.

한편으로는 당연하다는 생각이 들기도 한다. 인성은 얼마나 지니고 있는가는 큰 문제가 아니다. 이는 부자를 돈을 얼마나 물려받았는지에 기준을 두는 식의 판단처럼 공평성을 유지하기 어려워서다. 현재 얼마나 성실하게 돈을 버는가가 중요하다. 마찬가지로 현재 인성에 관한 학습과 훈련을 계속하느냐 아니냐가 인성 수준의 판단 기준이 된다. 학습하고 훈련하는 모습이 다른 사람에게 좋은 영향을 끼칠 수도 있다. 그러나 인성과 인성교육에 관한 연구를 오래 해왔지만, 인성을 지닌 사람을 만난 적은 간혹 있어도 반복 학습과 훈련을 하는 사람을 만난 적은 거의 없다. 그러니 반복 학습과 훈련을 매일 시행하는 내가 인성 면에서 당연히 1위가 될 수밖에 없다. 물론 이는 순전히 내 기준이지만 말이다.

동네나 조직에서 신사나 숙녀 되기가 너무나 쉽다. 주위에 인성 훈련을 하는 사람이 별로 없어서다. 그런데 내가 훈련한다면? 혼자 뛰는 경주다. 이로 인해 얻어지는 성과를 혼자 다 차지해도 누가 뭐라 할 사람은 없다.

20%만 따라 해도

2021년 1월에 '서울혁신교육정책 10년'이라는 보고서가 발간되었다. 2010년에 곽노현 교육감이 시작한 이후 10년 동안 이어진 '혁신 교육'의 성과를 진단하고, 앞으로의 방향을 제시하는 것이 목적이다. "교육은 백년대계"라고 하였으니 주목하지 않을 수 없다. '혁신 교육'이란 지금까지의 교육과 달리 참여와 토론을 중시한다. 교육 본래의 모습을 되찾자는 의도이므로 온 국민에게 환영받을 만하다. 하지만 교과 중심의 배움을 소홀히 하여 학력 저하를 불러왔다는 점이 지적되고 있다. 이 점 때문에 일부 학부모는 이 정책을 달가워하지 않는다.

자녀나 학생들을 위한 훌륭한 교육 정책은 부지기수로 많다. 하지만 학부모나 학생, 교사, 사회 모두가 만족할만한 정책이 되기는 쉽지 않다. "덜 가르칠수록 우수하다"라며 인성 중시 교육을 시행하는 핀란드는 초등학교 때까지 시험이 없다. 중학교에서 시행하는 시험도 일반고등학교로 진학하여 대학교 졸업까지를 목표로 하느냐, 실업고등학교로 진학하여 빠르게 사회로 진출할 것인가를 판단하는 자료로만 사용한다. 그런데 일반고등학교로 진학한 학생들의 실력이 국제학력평가PISA에서 보듯이 OECD 국가 중에서 항상 1~2위다.

이런 상황이라면 전 세계의 모든 교육자가 너도나도 핀란드를 방문하지 않을 수 없다. 명분과 실리, 두 마리 토끼를 한꺼번에 잡는 교육이기 때문이다. 그들 모두 핀란드의 교육 정책을 열심히 배워갔다. 우리나라도 예외가 아니다. '혁신 교육'도 여기서 영향을 받았다. 하지만 교육 정책을 배워간 나라 중에 핀란드와 같은 성과를 낸 국가는 거의 없다.

교육을 이론과 지식으로만 받아들였기 때문이다. 혁신 교육을 본인들이 어려서부터 경험한 적이 없어 일시적인 방문만으로 정책을 세우고 추진하는 데 한계가 있을 수밖에 없다. 예상치 못한 변화가 발생하고 어려움이 닥치면 헤쳐 나갈 저력이 부족해 중도에 포기한다. 핀란드는 30년에 걸쳐 이 교육 정책을 수정·보완하며 완성했다. 이 교육을 초등학교 때부터 배운 학생이 나중에 학부모나 교사가 되고 교육 정책 추진자가 된다. 30여 년 동안 두세 번의 사회적 회전이 이루어졌다. 중요한 것은 전 국민을 비롯하여 사회 전체가 같이 참여하고 움직였다는 점이다. 이래야 비로소 하나의 교육 정책이 완성된다. 겉으로 보이는 것을 한두 사람이 익히거나 따라 한다고 해서 금방 교육개혁이 이루어지지 않으며 성과도 내기 어렵다. 그런 면에서 싱가포르의 처신은 매우 현명하다. 80%는 자신들 예전 방식대로, 20%는 핀란드식으로 교육 정책을 개선하여 성과를 낸다.

인성교육도 마찬가지다. 과제나 교육 과정을 설정해 시행하기만 하면 쉽게 100% 학생들 것으로 만들어질 것처럼 보인다. 하지만 잘되지 않으니 오히려 쉽게 포기한다. "80%는 자신이 하고 싶은 대로 하고, 20%는 표준에 따른다." 이것이 시작 단계에서 인성을 익히는 비결일 수 있다.

제2장

이론의 노래

철저한 실용주의가 관건

인성에 의한 성과나 이득이 엄청난 것은 부정할 수 없다. 정신력에 의한 산물이므로 예상을 훨씬 뛰어넘는 예가 셀 수 없이 많고, 한계도 없다. 흔히 말하는 "일당백—當百"을 넘어 천, 만의 근원이다. 기업에서 취업 시즌이면 "스펙보다 인성"이라며 인재를 찾는 사실을 좀 더 진지하게 받아들여야 한다. 그리고 인성 학습을 온 국민이 행동으로 옮겨야 한다.

인성은 경험 수치와 비례한다. 예체능이나 토론 수업도 경험이다. 하지만 무엇보다 고생의 경험 강도에 비례하여 형성되는 인성의 지수가 가장 높다. 고난과 맞닥뜨려 극복하기가 쉽지는 않다. 대부분이 될 수 있으면 피하거나 아예 근처에 가려고 하지도 않는다. 더욱이 평균적으로 생활 수준이 높아지고 풍요로워진 탓에 고난을 마주하기 힘들다. 그러므로 태어나면서 고생을 많이 한 예전 사람들과 비교하면 요즘은 뛰어난 인성을 지닌 인재를 찾기가 참으로 어렵다. 그러므로 여기서 말하는 인성교육은 실제 고생 대신에 반복 학습으로 인성을 형성시키는 인위적인 방법이라 할 수 있다.

인성 습득이나 형성은 스님이 화두話頭 하나를 붙들고 평생 깨달음에 도전하는 과정과 같다. 스님의 수련이 강도가 높다면 일반인은 매우 약할 뿐이다. "쇠뭉치를 갈아 바늘을 만든다."라는 말이 스님의 수련이라면, 일 반인은 나무를 깎아 고추밭에 세우는 막대를 만드는 일 정도다. 조금 쉽 지만, 대신에 만들고 또 만들어야 한다. 이처럼 인성 학습이란 매일 똑같 은 내용을 반복하여 외우고 생각하고 마음속에 새겨야 한다. 그래야 생각 이 나중에 인성이 된다. 그리고 성공에 이른다. 그런데 이 일이 재미있을 리가 없다. 그러므로 인성 훈련을 할 수밖에 없는 피치 못할 학습 환경을 스스로 자꾸 만들어야 한다.

아프리카를 여행 중인 서양인이 한 촌락에서 어린애들이 갖고 노는 공 깃돌을 무심코 살펴보니 다이아몬드였다. 이 사람은 사탕을 주고 공깃돌 과 바꿨다. 그리고 주민들에게 공깃돌을 주운 장소를 알아내 다이아몬드 광산을 발견하고 엄청난 부자가 되었다. 보는 사람에 의해 가치가 얼마나 달라지는가 하는 교육 자료로 많이 활용되는 이야기다. 이 사람은 다이아 몬드 광산에 이르는 길이 아무리 험하고 맹수나 독충이 많아도 광산을 개 발하여 목적한 다이아몬드를 얻었을 것이다. 투자나 노력 그리고 희생보 다 이익이 비교가 안 될 정도로 크기 때문이다. 이 사람이 성직자나 수도 자였다면 공깃돌에는 관심조차 없었을 것이다.

인성도 마찬가지다. 인성을 어떻게 보느냐에 따라 훈련의 성패가 갈린 다. 인성을 '돌'로 보느냐 '황금'으로 보느냐의 차이다. 더욱이 인성 학습 은 광산 개발처럼 위험을 감수하거나 실패가 염려되는 엄청난 투자도 없 다. 반면에 성과나 이익은 다이아몬드 광산 못지않다. 그러므로 사물을 바라보는 마음의 눈인 자신의 사고방식을 우선 철저한 실용주의로 바꿔야 한다. 그래야 인성이 황금으로 보인다.

　실용주의는 성과나 이익을 중시하는 실리적인 사고방식을 말한다. 이익을 싫어하는 사람은 없는데 군이 강조할 필요가 있을까 하는 분이 있을 수 있다. 그러나 보통 사람이 "자신은 실용주의자"라고 하기는 모자라도 한참 모자란다. 보통의 실용주의를 지닌 사람은 악조건에 부딪히면 쉽게 실리를 포기한다. 모험이나 위험을 감수하면서까지 실리를 취하려 들지 않는다. "그까짓 실리 없어도 산다."라며 권위나 체면 때문에도 포기한다. 반면에, 철저한 실용주의를 지닌 사람은 실리나 성과가 아무리 작더라도 끝까지 추구하여 쟁취한다. "동전 한 닢을 보고 천 리를 간다."라는 정신이 몸에 밴 사람이다. 차이가 너무나 확연하다.

　인성은 쉽지만, 인성교육의 어려움은 전쟁 치르는 일 못지않다. 이 어려움을 이길 수 있는 정신이 바로 실리를 추구하는 실용주의다. 그러므로 인성교육에 앞서 실용주의 학습이 반드시 선행되어야 한다. 실용주의 없이 인성교육을 시행하는 것은 군인 정신없이 전쟁에 나서는 바와 같다. 어렵게 생각할 것 없이 앞서 소개한 "동전 한 닢을 보고 천 리를 간다."라는 구절만 몇 번 외우고 시작해도 된다. 그리고 이 말을 반복해서 마음속에 새겨 넣는 훈련을 반복하여 인성이 된다면 동시에 실용주의도 완성한 셈이다.

샴세쌍둥이

유대인은 "학교 교육보다 인성교육을 먼저"라는 교육 정책이 완전히 자리 잡았다. 하지만 우리는 "학교 교육 다음에 인성교육"이라는 차기 계획조차 없다. 있다고 해도 2위 정책은 항상 몇 단계 뒤로 밀릴 가능성이 크다. 다음 차례가 되어도 엉뚱한 다른 사안이 중요도에서 2위로 올라올 수 있기 때문이다. 그래서 어느 분야나 2위 정책은 채택되기 어렵다. 게다가 인성교육은 현재 2위에 올라 있지도 않다.

4차 산업혁명 시대에 인성이 특별히 강조된다. 언뜻 보면 "디지털 시대에 웬 아날로그?"라며 전혀 상관이 없을 것만 같다. 하지만 4차 산업혁명과 인성은 역시 동의어라고 해도 좋을 정도로 밀접하다. 4차 산업혁명의 핵심 과제는 융합融合이다. 모든 분야의 지식이나 기술의 융합을 말한다. 융합은 녹아서 완전히 서로 합쳐지는 상태다. 융합으로 혁신이 이루어질 수 있으며 새로운 분야의 직업이나 기술, 제품이 탄생한다. 원래의 자신은 없어진다. 컴퓨터와 전화기, 게임기 등이 합쳐 스마트폰이 된 식이다. 그래서 "경쟁에서 이기려면 경쟁 업체와도 융합하라."라는 말까지 나온다. 하지만 먼저 사람 간의 융합이 잘 이루어져야 각자의 연구 분야와 기술의 융합이 순조롭다. 이것이 선결되지 않으면 융합이 제대로 이루어질 수 없다. 고집이 세거나 주장이 강한 사람, 대인관계를 불편하게 생각하는 사람은 말로만 융합하고 각자의 위치에서 제각기 일을 추진해서 성과를 합치기도 한다. 이는 융합이 아니라 분업分業이다.

사람 간의 융합을 순조롭게 하는 것이 인성이다. 따라서 4차 산업혁명 시대를 맞아 인성을 학습하고 훈련한 사람을 요구하는 기업이 더욱 많아질 수밖에 없다. 하지만 종래의 학습 관습대로라면 전혀 도움이 되질 않는다. 지혜가 반복적인 학습으로 몸에 밴 인성이 되어야 하는데, 이게 잘 안 된다. 더욱이 가정이나 학창 시절에 이런 식의 학습이나 훈련을 거의 안 해 봐서 더 어렵게 느낀다. 이를 헤쳐 나가기 위해 인성과 인성교육의 중요도를 더욱 최상위로 끌어올리고 실감케 하는 정신 개조가 꾸준히 요구된다. '기본'을 중시하는 사고방식이 실용주의 다음으로 도움이 된다.

실용주의란 실리를 추구하는 사고방식이다. 그런데 인성처럼 실용적인 성과를 거둘 방법은 세상에 없다. 인성의 학습을 위해 새롭게 투자되는 시설이나 비용은 거의 없다. 무無에서 유有를 창조하는 셈이다. 따라서 우리가 모두 실용주의를 갖추고 있다면 가장 기본적으로 시행해야 할 것은 당연히 인성교육이 된다.

하지만 현재 우리에겐 인성이나 실용주의, 기본 등을 중시하는 사고방식이 모두 부족하다. 거의 없는 상태란 말이 오히려 맞는다. 여러 원인 중에 실리를 멀리하는 유교적 문화의 영향이 크다. 그렇다고 이러한 역사적 환경이나 여건만 탓할 수는 없다. 저돌적 돌파만이 유일한 방법이다. 먼저 인성의 학습과 훈련을 하면서 실용주의와 기본을 같이 학습한다고 생각하면 된다. 처음에는 미흡하겠지만 실용주의와 기본에 관한 생각을 한 단계 위로 올려놓을 것이다. 한 단계 위로 올라선 실용주의와 기본이 자기를 밀어 올린 인성을 끌어서 자신들의 위치로 올린다. 올라선 인성이 실용주의와 기본을 또 한 단계 위로 올린다. 다시 또 실용주의와 기본이 인성을 끌어 올린다. 서로 끌어주면서 한편으로는 상대방을 딛고 위로 오르는 형태다.

그러므로 '인성, 실용주의, 기본'이 샴세쌍둥이라고 생각하면 좋다. 한 형제만 독단으로 앞으로 나가기는 어렵다. 셋이 항상 공동으로 보조를 맞출 때 가장 이상적이다.

위대해지기 정말 쉬워

대학에서 영화 작품을 할 때다. 시나리오를 써야 하는데 특별한 얘깃거리가 없어 흔한 얘기를 골랐다. 흔하다기보다는 유치한 이야기란 말이 맞겠다.

"유원지에서 잠을 자던 한 남자가 부스럭대는 소리에 잠시 깨보니 조금 떨어진 곳에 예쁜 여자가 서 있다. 남자는 다시 잠을 자며 그 여인과 데이트하는 꿈을 꾼다. 데이트하는 도중에 여인이 갑자기 달아난다. 꿈에서 깬다. 눈앞에 서 있던 여인이 기다리고 있던 한 남성과 팔짱을 끼고 멀리 사라진다. 남자는 신문지를 덮고 풀밭에 누워 다시 잔다."

각 팀의 영화가 완성되고 품평회 날이 왔다. 그런데 담당 교수님이 내 작품을 보더니 "우리 대학 역사상 이런 작품은 처음 본다."라고 말씀하신다. 처음에 작품이 너무 형편이 없어 품평 자체가 무의미하다는 말로 알아들었다. 부끄러웠지만 당연하다고 생각했다. 소위 삼류 소설의 단골 줄거리 아닌가? 그런데 조금 후 "이 작품은 기승전결起承轉結이 확실하잖아."라고 말씀하신다. 모든 작품에 이야기의 기본인 기승전결이 없다는 점을 지적하신 것이다. 하지만 그 자리에 있던 학생들 모두 도저히 이해가 안 간다는 표정이었다. 기승전결이고 뭐고 자기들 작품에 비하면 너무 졸작이라고 보았기 때문이다.

당시 모든 학생의 작품은 유행처럼 우리나라 무속巫俗에 관한 무거운 내용이 많았다. 어떤 학생은 자매 부대 협조를 얻어 전쟁 영화를 만들기도 했다. 실력 부족과 5분 내외의 짧은 시간도 그렇지만 무성 영화여서 영상만으로 이야기의 내용이나 연출자의 의도를 전달하기는 참으로 역부족이었다. 이야기의 기승전결 네 가지 중 한 가지도 제대로 완성하기 어려운 실력과 조건이었다. 그런데도 매년 영화제 출품작을 보면 "'기승전결' 있는 소작보다 미완성의 대작이 낫다."라는 신념이라도 있는 듯이 영화의 기본은 철저히 무시된다. 자연히 제대로 완성된 작품이 출품되는 경우도 드물다. 대부분 미완성이다. 완성된 작품을 내는 학생이 오히려 미안하거나 이상하게 느낄 정도다. 그러면서 세계적인 감독이라도 된 듯한 생각과 태도다. 역시 오래되다 보니 엉뚱하게도 이것이 오히려 관습과 전통이 되었다. 요즘은 많이 바뀌었으리라 생각한다.

기본을 지키면 '역사상 최초'라는 영예와 성과를 얻을 수 있다. 기본을 지키는 습관이 쌓이면 인성이 된다. 이 기본을 중시하는 인성이 개인적으로나 기업과 국가, 나아가 세계에서 최초라는 위대한 성과를 일궈낸다. 신년사나 기업의 창립 기념일에 CEO들이 가장 많이 말하는 내용이 "기본으로 돌아가자."다. 노벨상을 탄 사람들이 이구동성으로 강조하는 비법도 '기본의 중시'다. 위대해지기 정말 쉽다.

인성이 행복을 번성케 한다

대개 심리 상담을 받는다고 하면 우리는 심각할 정도로 정신에 문제가 있다고 받아들인다. 그래서 아무리 가벼운 상태라도 그런 사실을 가까운 친척이나 친구한테조차도 숨기려 한다. K대학의 평생교육원에서 상담심리학을 공부할 때 '긍정심리학'이라는 말을 처음으로 들었다. 이제는 긍정심리학의 시대라고 한다. 꼭 우울증처럼 심리적으로 장애가 있어서가 아니라 현재보다 나아지려고 상담을 받는다. 보통 사람도 심리학적으로 보면 완전하지 않다는 근거에서다. 육체적으로 문제점이 없는 사람이 없듯이 정신적으로도 문제가 없을 수 없다. 그러므로 정상이라고 생각하는 사람도 현재보다 나은 건강한 심리적 삶을 위해 상담을 받는 것이다.

인성도 마찬가지다. 인성을 대화 주제로 꺼내면 마치 상대방에게 인성에 문제가 있다는 듯이 들리기 쉽다. 그래서 얘기가 조금 길어지면 "왜 내 인성이 어때서?"라는 반발심이 생긴다. 실제로 인성에 문제가 없는 사람은 드물다. 본인이 모르기도 하고 알아도 못 고치거나 안 고친다. 자신의 인성 부족으로 가까이 지내는 가족이나 동료에게 심한 마음의 상처를 줄

가능성이 있는 데도 말이다. 일반적으로 인성에 큰 문제 없이 지금까지 잘 살아왔다고 생각한다. 그런데 갑자기 인성이 필요하고 없으면 큰일이라도 난 듯이 말하는 사람에게 반감이 없을 수 없다. 그러나 긍정심리학처럼 지금보다 나아진다는 차원에서 인성을 받아들여 학습하고 훈련하면 된다.

인성은 습관의 집합체다. '경청'하는 습관 하나만 인성으로 성숙시켜도 자녀나 부부간의 소통이 원활해져 가정의 행복이 지금보다 몇 배 늘어난다. 집에 있는 부인은 자기 말을 잘 들어주는 남편에게 90%의 매력을 느끼고 존경심까지 갖는다고 한다. 보석이 부인의 마음을 사로잡는 것이 아니라 누구나 할 수 있는 돈 안 드는 '경청'이 그렇다는 것이다.

자녀들도 자기 말을 잘 경청해 주는 부모를 최고로 친다. 직장에서 상사가 해야 할 일 중 첫 번째로도 꼽힌다. 반대로 상대방 얘기를 잘 안 들어주면? 비극이나 파탄이 기다리고 있다고 생각하면 맞는다. 나이나 직책에 상관없이 인성을 학습하고 훈련해야 한다. 그렇게 생각하는 사람이 정상이다. 나에게는 아무 문제가 없는데 왜 인성을 학습하고 훈련해야 하느냐고 말하는 사람이 있다. 이는 마치 자신은 건강한데 왜 운동을 하고 건강 검진을 받아야 하느냐고 따지는 사람과 같다.

"이제 심리학이 불행이 아닌 행복을 말한다." 긍정심리학의 창시자인 마틴 셀리그만Martin E. P. Seligman 박사의 말이다. 불행을 치료하는 차원이 아니라 행복을 더욱 번성케 한다고 했다. 인성과 인성교육도 마찬가지다.

인성은 삶의 기본

사람이 사는 목적 중 '즐거움'을 빼놓을 수 없다. 거의, 다라고 해도 좋다. 수도승의 수행은 고행이라고 하지만 나름대로 즐거움이 있다. 일반 사람이 느끼는 즐거움과는 비록 다른 차원이지만 말이다. 수도 생활도 아니고 수준 높은 학문도 아닌 분야에 있는 보통 사람은 그 즐거움을 쉬운 '기본'에서 찾으면 된다.

기본은 어느 분야든지 처음 시작할 때 거쳐야 하는 관문이다. 시간이 지나면서 뭔가 재미나 보람의 느낌이 오고 남한테 가르쳐 줄 정도가 되면 기본이 완성됐다고 할 것이다. 그런데 이 단계를 거쳐보지 않은 사람은 기본이 주는 즐거움을 찾기도 이의 중요성을 받아들이기도 보통 어렵지 않다. 가령 '1+1=2'라는 수학의 기본 셈을 반복해서 학습할 게 뭐가 있으며 무슨 재미가 있단 말인가? 시간 낭비일 뿐이라며 다음 단계로 빨리 넘어가기를 바라는 학생이 대부분이다.

한 서당에서 오랫동안 천자문千字文만 계속 가르쳤다. 지루해진 학생들이 훈장님께 다른 것 좀 가르쳐 달라고 졸랐다. 훈장님이 문제를 하나 낼 테니 답을 맞히면 다음 단계로 넘어가겠다고 하였다. 그러면서 천자문의 첫 글자인 "하늘 천天에 대해서 아는 것을 말해 보라."라고 했다. 글자만 열심히 외우고 쓴 학생들이 대답하지 못했다. 한 개를 배워도 반복해서 깊이 생각하는 습관을 지니라는 훈장님의 뜻을 그제야 알아차렸다. 훈장님은 경험으로만 알 수 있는 사안이어서 일찍이 말로 하지 않았다. 이후 학생들이 훈장님의 뜻대로 정진하여 많은 학자가 그 서당에서 나왔다는 이야기다.

'1+1=2'에서 더 공부할 것이 무엇이 있느냐고 묻는다면 할 말은 없다. 하지만 사회생활에서 1+1='2'가 아니라 '0'이나 '마이너스'인 경우도 있고, '100'이나 '200'이 될 수도 있음은 누구나 안다. 수학적으로도 1+1=0.5+0.5+1=2가 될 수 있고 분수로 나누어 구성할 수도 있다. 온종일 변형을 시도해도 가능할 것이다. 그러면서 수학이란 무엇인가를 깨우친다. 스스로 문제를 내고 풀 정도가 되니 수학에 재미도 붙는다. 이런 학생이 나중에 세계적인 수학자가 된다.

"기본을 중시하자."라는 말은 불변의 진리다. 그런데 대부분이 너무 쉽고 유치해서 못 지키거나 안 지킨다. 인성도 삶의 기본인데 너무 쉬워 유치해 보인다. 학습이나 훈련의 필요를 전혀 느끼지 않는다. 더욱이 자신은 완벽하다고 생각한다. 사격 훈련을 한 번도 안 한 사람이 이론서를 한 번 보고 만점 맞을 수 있다고 자신하는 무모함 같다.

인생삼락人生三樂에 관한 글 모음 중에 "잘 먹고, 잘 싸고, 잘 자라"가 있다. 세상에서 이보다 중요한 기본은 없다. 인성이 이와 같다. 삶의 기본이다. 기본적인 인성 없이 즐거움과 행복, 성공은 결코 있을 수 없다.

시너지 효과

인성의 성과는 항상 예상을 뛰어넘는다. 투자는 눈에 보이지 않는데 성과는 상상을 초월하니 과대 포장한 듯이 믿기 어려운 면이 있다. 보통 사람이 자기와 상관없는 이야기라며 인성에 선뜻 다가서지 않는 원인이 되기도 한다.

『성공하는 사람의 7가지 습관』의 저자인 스티븐 코비 박사는 "주도적이 되면 5000%(50배)의 성과를 낸다."라고 하였다. 하지만 실생활에서 인성으로 5000%의 성과를 실감하기는 어렵다. 남을 '배려'한다고 해서 당장 엄청난 성과가 나타나지 않는다. 그러나 하기 전과 후는 분명 다르다. 자신이 먼저 느끼고 상대방도 느낀다. 우선 기분이 좋아진다. 그래서 성과를 제쳐두고라도 배려를 하게 된다. 하지만 주위에서의 호응이 없거나 줄어들면 배려하는 횟수도 줄어들고 급기야는 그만두게 된다. 인성의 씨앗을 뿌리고 가꿔 열매를 맺는 일은 혼자서는 어렵다. 농사철이면 온 동네 사람이 함께 모여 모를 심는 논농사처럼 주위 사람들의 협력이 절대적으로 필요하다.

물론 혼자서도 할 수는 있다. 하지만 여럿이 모이면 참여하는 사람 수에 비례하여 기하급수적인 효과가 나타난다. 바로 '시너지 효과'다. 혼자하면 이게 없다. 그러므로 인성 학습은 처음부터 여럿이 함께 모여 시행하는 것이 효율적이다. 혼자 시작하더라도 나중에는 꼭 동료들과 여럿이 모여서 학습하도록 해야 한다. 시너지 효과를 경험하고 누리기 위해서다.

0.2mm 두께인 신문지를 계속 반으로 50번을 접는다면(물론 계산상으로만 가능하지만), 총 두께는 0.2mm×2^50=225,179,981,368,524(mm)가 된다. 환산하면 두께가 약 225,180,000km로 지구와 태양 사이의 거리인 149,598,100km보다도 길다. 신문지를 몇 번 접었는데 태양보다 먼 거리가 되었다니 누구나 받아들이기 어렵다. 상상도 되지 않는다. 알버트 아인슈타인Albert Einstein, 1879~1955도 이 제곱 현상을 두고 "세상의 8번째 불가사의"라고 했다. 실제로도 유대인이 인성과 인성교육으로 이 제곱의 효과인 시너지 효과를 낸다고 하는데, 쉽게 감을 잡기 어렵고 인정하기도 어렵다. 실감이 나질 않으니 따라 하려는 의욕도 잘 생기지 않는다.

유대인은 전 민족이 『탈무드』를 평생 반복 학습한다. 우리나라는 몇 사람만 한다. 인구 비례적으로 그들이 10명이 시행하고 우리가 1명이 시행한다고 하면 성과가 10배 차이가 아니라 제곱인 100배가 난다는 말이다. 그런데 실제로 인성의 학습에 참여하는 인구의 비례가 10,000대 1도 훨씬 넘을 정도이니 차이가 상상을 초월할 수밖에 없다. 더욱이 제곱 현상은 멈추지 않고 지속되며 다방면에서 크고 작은 성과로 수없이 나타난다. 이것들이 모여 다시 엄청난 성과로 재탄생함은 물론이다. 어떻게 충청도만 한 땅과 9백만 명의 인구를 갖고 노벨상의 30%, 세계 백만장자의 20%, 미국 대학교수의 30%를 차지하는가? 그러니 우리는 유대인의 예를 동화 속에 나오는 이야기처럼 현실이 아닐 것이라고 의도적으로 미루어 생각하며 산다. 그래야 인성이 쉬운 데도 못 쫓는 자신을 변명할 수 있고 마음도 편하기 때문이다.

하지만 언제까지 이런 식으로 마음 편하게 살 것인가? 다른 것은 놔두고 인성이 시너지 효과를 낸다는 사실 하나만이라도 인정하고 받아들이자. 인성보다 비용이 적게 들면서 쉽게 시너지 성과를 얻을 방법은 이 세상 어디에도 없다. 인성교육에 아무리 어려움이 겹겹이 쌓이고 콘크리트처럼 굳어져 있더라도 과감히 벗겨내고 이겨내야 한다. 유대인이 천 년 이상 먼저 학습했다고 해도 절대 늦지 않다. 지금 당장 시작해도 유대인의 성과를 누릴 수 있다. 시너지 효과라는 '빽배경'이 있으므로 너무나 충분하다.

앞으로 할 일이 너무 많다

인성과 인성교육의 필요성과 중요성을 강조하는 사람은 많다. 대부분 국민도 그렇지만 사회 저명인사 중 이 강조 대열에서 빠진 분은 없다. 그러나 유감스럽게도 이 중에서 제대로 인성교육을 받은 사람은 없다. 학교에서 인성교육을 시행하지 않은 지 오래되었으니 당연하다. 그렇다고 별도의 개인 학습이나 훈련도 하지 않는다. 그러니 인성에 관해 안다고 해도 일정 한계를 넘지 못한다. 사회지도자가 되어 인성에 관해 잘 모른다면 자격에 흠이 갈 터이니 나서서 한마디 안 할 수는 없다.

"요즘 발생하는 모든 사회 문제의 근본 원인은 인성에서 비롯한다. 그러므로 인성교육이 무엇보다 시급하다."가 가장 일반적으로 많이 하는 말의 전형이다. 순전히 수박 겉핥기식이다. 인성은 전 국민의 관심사면서 무관심한 분야라는 극도의 양면성을 지니고 있다. 그래서 모순이다.

가정에서부터 인성교육을 시행하는 부모를 보기 어렵다. 대신 태어난 지 몇 개월 안 된 아기를 영어 회화 학원에 보낸다. 제대로 걷지도 못하는 유아를 속셈학원에 보낸다. 일류대학에 들어가기 위해 태어나면서부터

고난도의 선행학습을 한다. 비용도 만만치 않다.

도덕적으로 자녀에게 전혀 문제가 없다며 인성교육은 시행할 필요가 없다고 생각한다. 인성교육이 자녀의 장래나 성공, 행복 등을 좌우한다는 개념이 없다. 『탈무드』를 한 번 이상 안 읽은 부모는 없다. 유대인이 노벨상 등 국제적인 성과를 휩쓸고 있다는 사실을 모르는 부모도 없다. 그런데도 인성교육을 자녀에게 시행할 생각을 전혀 하지 않는다.

유대인은 학교 교육보다 인성교육을 중시하여 자녀들을 쉽게 성공시킨다. 우리는 지식 위주 교육으로 극히 일부 자녀를 어렵게 성공시킨다. 반면에 실패자는 몇십 배 더 많다. 이런 교육 정책이 맹비난을 받는 사실을 아는 데도 그렇다. 개선될 기미가 전혀 보이지 않는다.

자녀의 일류 대학교 입학이 부모나 가문의 명예, 권위, 체면에 해당한다고 생각한다. 이를 기준으로 하다 보니 자녀의 특기나 소질 등은 처음부터 무시된다. 그러므로 인성교육이 중요하다고 하면서도 자꾸 뒷전으로 밀린다. 나중에 학습해도 되거나 사회에 나가면 자연히 배울 수 있다고 생각한다. "세 살 버릇이 여든까지 간다."라는 격언을 완전히 무시하는 판단이자 행동이다.

모순은 앞뒤가 맞지 않는다는 말이다. 대학이 일차 목표일 수는 있어도 종착점은 아니다. 그런데 종착점인 것처럼 생각하고 모두 손 놓고 휴가를 떠나 언제 돌아올지 모른다. 어떤 분은 대학원에서 박사 학위 받은 시점을 인생의 시작점이라고도 한다. 그러니 대학 입학은 그냥 시작도 아니고 시작의 준비단계일 뿐이다. 할 일이 너무 많다. 그러나 인성을 학습하고 훈련하는 일을 첫째로 삼는다면 양은 줄어들고 시행은 쉬워지며 성과는 몇 배로 늘어난다.

인성은 유리 조각을 줍는 일

"본질이 좋다, 나쁘다."라는 말을 하곤 한다. 본질이란 무엇인가? 본바탕이다. 바탕은 처음에는 맑고 깨끗하다. 색도 없다. 그런데 나쁘다는 평가를 받는 것은 오염됐다는 소리다. 투명도도 떨어지고 흠집도 많으며 잡다한 색깔로 물들여져 있다. 처음 상태로 회복하기 어려우면 구제 불능이라고 한다. 바탕을 잘 유지하면서 자기가 원하는 대로 모양을 만들고 색도 입혀야 한다. 모든 교육이 할 일이자 의무다.

본질을 찾는 일은 어린 시절로 되돌아가는 것이다. 바탕의 순수함을 지키려는 노력이자 초심을 잃지 않는 방법이다. 거기서 예전에 했던 가장 기본적이며 단순한 작업을 찾아 현재를 고치고 미래를 설계하는 일이다. 성장할수록 어린애가 되는 노력도 같이해야 한다. 어린애와 계속 친하게 지내면 좋다.

조선 전기 문신인 황희黃喜, 1363~1452 정승 얘기 중에 관련 내용이 하나 있다. 하인의 자식들도 친손자처럼 놀아주다 보니 황희 정승의 수염을 잡아당겨 뽑는 사건이 생겼다. 하인이 송구하여 어쩔 줄 몰라 하자 황희가 웃으면서 괜찮다고 하였다. 세종대왕은 이런 황희가 나이 팔십이 다 되도록 은퇴를 허락하지 않고 곁에 두고 국가 정사를 같이 논했다. 이는 두 분이 다 '본질의 달인'이기 때문에 가능한 일이다.

파블로 피카소Pablo Picasso, 1881~1973의 그림을 이해할 줄 아는 사람은 드물다. 필자도 마찬가지다. 하지만 말년에 아이의 그림처럼 사람의 얼굴을 동그랗게, 몸과 팔다리는 그냥 일자로 그린 그림은 이해가 간다. 어린아이로 돌아간 것이다. 어린아이의 마음으로, 어린아이가 그린 그림으로 돌아갔다. 그런데 많은 사람이 이 유치한 그림에 열광한다. 사람은 자기는 덜 순수해도 순수한 사람을 좋아한다. 그러니 피카소처럼 대화가가 어른이 아니라 어린아이가 된 것에 감격한다.

세계적으로 이름난 교육자들이 많다. 고대로부터 따지면 셀 수 없다. 그중에서 페스탈로치Pestalozzi, 1746~1827를 가장 좋아한다. 어린애들의 발이 베일까 봐 길거리에 떨어진 유리 조각을 주워 주머니에 넣어서다. 당시 사회는 경제적으로 모두 어려워 신발을 제대로 신고 다니지 못하는 아이가 많았다. 특히, 고아가 된 아이들은 말할 것도 없다. "누가 교육자인가?"라고 묻는다면 "땅에 떨어진 유리 조각 줍는 사람이다."라고 답할 것이다. 모든 교육의 본질이다. 교육의 바탕을 깨끗이 하고 비틀어진 모양을 바로잡는 일이다.

그런데 우리는 이 일을 한 적이 있는가? 사회적으로도 본질 아닌 것이 자리를 차지하며 더욱 큰소리를 친다. 그러다 보니 교육의 본질인 인성교육을 잊어버렸다. 인성교육이 중요하고 필요하다는 말도 '유리 조각 줍는 일'처럼 차츰 전설이 되어 간다.

비평이 산삼(山蔘)

누구나 글을 잘 쓰고 싶어 한다. 연애편지나 자기소개서를 잘 썼으면 한다. 나이 들어서는 자서전 한 번 써봤으면 하는 사람이 많다. 20여 년 전부터 '인성'에 관한 자료를 모으고 정리했다. 막상 책을 내려니 머뭇거려진다. 제대로 글쓰기 수련을 한 번도 받아 본 적이 없어서다. 말 그대로 약간의 타고난 글재주란 생각의 정리 수준에서 남보다 한 발자국 정도 앞선다고 할 수 있다. 이 정도의 수준으로 책을 내는 것은 독자를 대하는 저자로서 기본자세가 아니라는 생각이 들었다.

2015년에 성북문화원에서 운영하는 〈문예창작교실〉에 등록하고 약 일 년 반 정도 다녔다. 글쓰기는 선생님마다 가르치는 방식이 조금씩 다르다. 소설가 이채형 선생님은 각자 쓴 글을 미리 카페에 올리게 한다. 그 글을 읽고 와서 수업 시간에 상호 비평하는 방식이다. 금요일이 수업 시간이므로 수요일까지 매주 한 편의 시나 수필을 카페에 올려야 한다. 처음 초보자로 들어가서는 글감 찾기나 구성 등 모두가 어렵고 시간의 여유조차도 없어 항상 무엇인가에 쫓기는 기분이다. 수필이라면 보통 A4 한

장 반 정도를 써야 한다. 일주일에 이 한 편도 못 채우면서 무슨 글쓰기를 배우고 쓰려 하나 하는 자괴감이 들지 않을 수 없다. 스트레스가 되어 수업을 등록하고 금방 그만두는 학우도 있었다.

그런데 정작 스트레스는 비평 시간이다. 조금 전까지 웃으며 얘기를 나누던 학우가 날카로운 비평을 한다. 장기를 잘 못 두는 사람도 훈수는 9단이라는 식으로 모든 학우가 꽤 비평을 잘한다. 처음에는 마치 죄를 짓고 재판정에서 판사의 선고를 받는 기분이다. 그것도 한 사람이 아니라 여러 명이 돌아가면서 비평을 한다. 마지막에 선생님께서 총정리 하신다. 이 스트레스로 몇 명 또 그만둔다. 하지만 오래 강좌에 다닌 학우들은 별로 스트레스를 받지 않는다. 오히려 더욱 신랄하게 비평해 달라고 사전에 부탁하는 여유까지 있다. 1년이 지나니 그렇게 되었지만, 처음엔 정말 정신이 혼미할 정도였다. 그러나 몸살 앓을 정도의 비평이 있었기에 글솜씨가 늘었다고 할 수 있다.

비평받을 때마다 솔직히 기분은 별로 좋지 않다. 우리는 예전부터 사회적으로 '비평 문화'가 형성되어 있질 않아서 더욱 그렇다. 내가 남을 공개적으로 사심 없이 비평한 적도 받은 적도 별로 없다. 특히, 예의범절이나 연공서열로 이루어진 위계질서 등의 관습으로 남을 제대로 비평하기가 상당히 어렵다. 인간인 이상 자신의 약점이나 단점을 지적당하는데 평범한 얘기처럼 들리지는 않는다. 자칫 오해가 생겨 싸움이 될 수도 있다.

처음 몇 달 동안 한 학우가 유독 비평 강도가 높았다. 게다가 먼저 시인으로 등단해서인지 자기가 대단한 비평가라도 된 듯이 거드름을 피우며 여기저기 이 잡듯이 뒤져가며 지적한다. 본인은 과제를 내는 적도 거의 없다. 기본자세가 안 된 상태에서 너무 심하다 싶을 정도의 강도 높은 비평에 반발심이 생겨 나중에 두고 보자는 오기가 생겼다. 그런데 이 오기가 글쓰기에서 최고의 스승이 되었다. 실제로 한 문예지 수필 부문에 등단하고 나서 이분의 비평 덕이 가장 컸다는 점을 인정했다. 물론 가르치는 선생님이나 학우들의 덕은 빼고서 말이다. 정말로 고마웠다고 정식으로 고개 숙여 인사했다. 그분도 자기가 등단한 이상으로 기뻐하며 축하해 주었다.

"비평은 돈 안 들이고 지식을 늘리는 가장 효율적인 방법"이라고 하였다. 그러므로 남의 비평받기를 두려워 말아야 한다. 나를 비평하는 사람이 주위에 없다면 위기라고 생각해야 한다. 이런 생각이 쌓이면 수준 높은 인성이 되며 성과도 높게 나타날 것이다. 산삼山蔘을 캐려고 험한 산에 오를 게 아니라 다른 사람의 비평을 즐기며 받아들이는 것이, 더 쉽고도 빠른 방법이다.

에베레스트산 들어 올리기

예전에는 1cm 내외 크기의 둥그러면서도 약간 모난 돌을 주워 공깃돌 놀이를 했다. 요즘은 아예 플라스틱으로 색과 모양 모두 예쁘게 공장에서 만들어져 나온다. 여자아이들 전용 놀이 같지만, 남자아이들도 많이 한다. 매우 오래된 놀이인데 아직 없어지지 않고 남아 있는 것을 보면 교육적인 효과가 있다는 소리다. 엄마하고 둘이서, 형제끼리나 가족끼리 공깃돌 놀이를 하며 웃고 떠드는 사진을 보면 작은 돌이 만든 꽤 괜찮은 행복이 느껴진다.

돌 한 개를 높이 던진다. 그 사이에 바닥에 있는 돌을 순서대로 손에 주워 담고 떨어지는 돌을 잡아야 한다. 실패하면 놀이 권한은 상대방에게 넘어간다. 단계별로 올라가다 마지막에 다섯 개의 공깃돌을 다 하늘로 던진다. 떨어지는 돌을 최대한 많이 손등으로 받는다. 받은 공깃돌을 다시 하늘로 올려 실패 없이 손으로 잡으면 점수가 된다. 일정한 점수를 정해 놓고 먼저 내는 사람이 승자가 된다. 그런데 점수를 몇 점이나 몇 개라고 하지 않고 햇수인 연년, 年으로 계산한다.

갑자기 공깃돌 놀이 이야기를 꺼낸 것은 세상이 온통 태산처럼 큰 이야기뿐이라 너무 벅차서다. 답답하고 탈출구가 잘 보이지 않는다. 아무리 주위를 둘러봐도 공깃돌처럼 작고 쉬우며 재미있는 이야깃거리가 없다. 작고 쉬운 과제는 문제가 생기면 고치기도 쉽고 목표가 있다면 달성하기도 쉽다. 그런데 태산처럼 큰 과제는 너무 커서 아무리 노력해도 내 손아귀 안에 잘 들어오지 않는다. 거창한 목표는 보기에 좋고 남한테 자랑하기는 좋다. 하지만 이루기가 어렵다. 이루기 어려운 줄 본인도 알고 있다. 그러다 안 되면 계속해서 그만한 크기의 또 다른 목표를 세운다. 오히려 아이들이 공깃돌 놀이를 하며 몇 십 년의 실적을 쌓는 동안 어른들은 한 일이 없다. 그런데도 매일 태산을 내가 들었다가 났다든지 옆으로 옮겼다고 자랑하는 사람이 주위에 한둘이 아니다. 습관이다.

인성교육도 공깃돌 놀이다. 거창한 철학도 아니고 이론을 연구하는 것도 아니다. 이론적으로 말하면 공깃돌 놀이보다 간단하다. 하지만 점잖은 어른에게 하찮은 공깃돌 놀이를 하자고 제의하는 것은 어른 모독이다. 그러니 매일 태산 같은 이야기를 하는 어른은 공깃돌 놀이도 못 하고 태산도 옮기지 못한다.

유대인의 인성교육 교과서인 『탈무드』는 동화처럼 간단하고 쉽다. 인성교육이 작고 쉬운 공깃돌 놀이라는 점을 『탈무드』를 연구하고 가르치는 랍비가 너무나 잘 알고 있다. 유대인들은 어른이나 아이 모두 『탈무드』를 공깃돌처럼 갖고 논다. 하루가 아니라 평생이다. 그러다 보면 어느 날부터 에베레스트산도 들었다 났다 한다.

괴상한 효도

1

   서울대병원 정신건강의학과 윤대현 교수가 쓴 '빈둥지증후군'에 관한 글을 한 일간지(《조선일보》, 2020.12.8)에서 봤다. "자녀가 모두 직장 얻고 결혼해 독립하면 신나게 내 인생을 살겠다."라고 말하는 부모가 많다고 한다. 그런데 막상 자녀가 독립하면 오히려 삶의 목적이 사라진 듯이 허전함을 느끼는 증상이다. 여행조차도 마음 놓고 떠나지 못한다. 더욱이 결혼한 자식이 부모 걱정한다고 웬만한 어려움이 있어도 전화를 안 한다. 부모가 먼저 전화 걸어 요즈음 어떠냐고 물으면 아들이 "다 잘 되고 있으니 걱정하지 마시라."라고 대답한다. 잘 안 되고 있다고 해야 끼어들 자리가 있는데 할 말이 없다. 좋아해야 할 일이 섭섭함이 된다.

   겉으로 보기엔 극진하게 부모를 생각하고 모시는 자식 같다. 이 엄마는 실제로 어느 모임에 가서 크게 자랑했을 것이다. "요번에 장가간 우리 애 말이야. 신혼이라 어려움이 많을 텐데 어미 걱정해서 그런지 힘들다는 전화 한번 안 하는 것 보면 신통하기 짝이 없어. 내가 애 하나는 잘 키웠지." 그러면 친구들이 이구동성으로 "그럼, 걔는 어렸을 때부터 남달랐잖아."

라며 부럽다는 듯이 추임새를 넣는다. 하지만 이내 친구들의 부러움은 어디로 가고 마음속은 쓸쓸하기만 하다.

만약 둘째 아들이 인성을 익혔다면 전화를 받고 이렇게 말했을 것이다. "엄마, 엄마 곁을 떠나니 하루하루가 지옥이야. 엄마 밑에 있을 때가 좋았어. 엄마 나 장가간 것 무르고 도로 들어가면 안 될까?" 자기 마누라한테 푹 빠져서 헤어나지 못하는 것을 알고 있는 엄마라도 이 소리를 들으면 기분이 좋다. 위신이 선 엄마가 한마디 한다. "또 쓸데없는 소리 한다. 그래도 참고 네 마누라 말 잘 듣고 싸우지 말고 잘 살아. 엄마 품이 뭐가 좋으냐?" 하지만 속으로는 너무 기분이 좋아 눈물이 날 지경이다.

인성은 예의범절이 아니라 지혜다. 예의범절이 필요 없다는 소리가 아니라, 지혜가 삶을 풍요롭게 한다. 상대방을 행복하게 향상한다. 큰아들처럼 생활 방식이 굳은 사람은 작은아들처럼 하라면 억만금을 줘도 못 한다. 반대로 작은아들더러 큰형처럼 하라면 못할 것이다. 어떤 생활이 인생의 참다운 길이라고 정의할 수는 없다.

오래전에 일본 효도 대회에서 1등을 한 사람과 관련한 기사를 본 적이 있다. 부모를 위해 한 일이 너무 간단하다. 퇴근하고 집에 돌아가 늙으신 어머니한테 등을 긁어달라고 했다. 그런데 이 어머니는 아들이 퇴근하는 시간이면 얼굴에 화색이 돌며 즐거운 마음이 되어 아들을 기다렸다. 늙으신 어머니가 매일 보람 느낄 일은 별로 없다. 그런데 아들이 만들어 드렸다. 회사에서 돌아와 피곤한 몸을 어머니께 맡긴 것이 세상에 없는 기쁨을 드린 것이다.

효도 대회에서 1등 하기 정말 쉽다. 용돈 많이 드리고, 전화 자주 하는 것도 한 방법이다. 하지만 인성 실력을 쌓아 발휘하는 것이 부모를 가장 기쁘게 한다. 늙으신 부모님을 가볍게 부려 먹어라.

2

아들을 결혼시켜 내보내고 아내와 아들과의 관계 정립에 관해 얘기한 적이 있다. 부모 용돈으로 매달 20만 원을 보내라고 하는 것이 어떻겠냐고 했더니 아내가 정색하며 펄쩍 뛴다. 신혼살림에 돈 들어갈 곳이 많을 텐데 용돈 보낼 여유가 어디 있겠냐는 것이다. 그러나 왠지 그래야 할 것 같은 생각이 들어서 계속 고집을 부렸더니 얘기는 한번 해보겠다고 한다. 그런데 아들 내외가 의외로 흔쾌히 그러겠다고 해서 매달 20만 원씩 받았다. 그런데 손주들이 태어나면서부터는 아내가 중간에서 조정했는지 설과 추석에만 준다. 그것도 저희 엄마 몫은 빼고 나한테만 10만 원을 준다.

물론 예전부터 받은 돈 대부분 아내가 아들네 먹거리 마련하느라 거의 다 쓴다. 손주들이 태어나면서는 일거리와 돈이 모두 더 늘었다. 완전 역전逆轉이다. 그래도 일 년에 두 번 용돈을 받을 때마다 세상 모든 것을 얻은 것처럼 기분이 좋다. 다른 사람들한테도 그렇게 말한다. 자기네들도 어디 가서 부모님께 자주 용돈을 드린다고 자랑할 것이다. 중간에 엄마가 액수와 횟수를 조정한 것이지 자기들 탓은 아니기 때문이다.

누가 보면 일방적으로 아들 편들며 '괴상한 방법으로 효자 만들기'라고 할지 모르겠다. 하지만 비록 형식적이라고 해도 자식들과 소통의 한 통로가 됨은 분명하다. 처음에 극구 반대했던 아내도 의도적인 이 처사에 아주 많이 잘했다고 미소 지으며 응원한다. 살다 보면 인격보다 인성이 필요할 때가 더 많다.

158

제3장

사레의 노래

쿼바디스, 어디로 가십니까?

기본의 중요성이나 필요성은 아무리 강조해도 모자란다. 세상일은 모두 기본에서부터 시작되고 이를 발판으로 발전한다. 차의 방향지시등 켜기도 그중 하나다. 사회질서 지키기의 기본 사안으로 언론에서도 자주 강조된다.

필자가 사는 동네에서 자동차로 시내에 나가려면 북악스카이웨이를 지나 삼청동 터널로 빠져나가는 길이 가장 빠르고 가깝다. 양쪽 1차선 도로라 좁지만, 출퇴근 시간 외에는 한산한 편이다. 그래서 중간에 몇 개의 삼거리나 사거리가 있어도 신호등은 없다. 없는 편이 오히려 차량 흐름에 도움이 된다. 오가는 차가 별로 없으니 굳이 신호를 기다릴 필요가 없기 때문이다. 대신 방향지시등 켜기는 필수다. 방향지시등이 신호등 역할을 대신한다.

그런데 방향지시등 켜는 차가 약 3분의 1 정도밖에 되지 않는다. 방향지시등을 켜지 않으니 교차로에서 앞서가거나 내 쪽으로 향해 오는 반대편 차가 어디로 갈지 진행 방향을 알 수가 없다. 이로 인해 차의 흐름이 자

160

주 끊긴다. 상대방 차의 직선 움직임이 완전히 끝나 진행 방향으로 들어설 때까지 정지하고 기다릴 수밖에 없다. 상호 간에 진행 방향을 짐작으로 판단한 차량 때문에 교통사고가 날 것 같은 아찔한 순간을 자주 겪기도 하지만 실제로 접촉 사고도 자주 일어난다.

방향지시등은 자동차끼리, 운전자끼리 "어디로 가시나요?"라고 주고받는 인사라고 할 수 있다. 같은 도로를 달리는 운전자들이 서로 인사를 나눈다면 친근감도 생기고 긴장도 풀어주어 사고 예방에도 도움이 될 것이다. 그런데 방향지시등을 켜지 않고 자기 길만 가는 운전자가 너무 많거나 상대방을 무시하는 식으로 갑자기 끼어드는 차가 많다면 사고 발생률은 높아질 수밖에 없다. 등燈 하나 켜고 안 켜는 게 자신을 가해자나 피해자로 만든다. 더욱이 생명과도 관계있는 일이다.

매번 자동차에서 내려 손으로 일일이 방향지시등을 켜고 끄는 수고로운 일도 아니다. 차 안에서 손가락 하나로 쉽게 할 수 있다. 그런데도 방향지시등을 켜지 않아 일어나는 사고가 끊이질 않는다. 검은 아스팔트 바닥에 하얀 줄의 사고 표시가 그려져 있지 않은 날이 없다. 차의 방향을 바꿀 때마다 방향지시등으로 주위의 운전자들에게 "제가 이쪽으로 갈 테니 미리미리 준비하십시오."나 "목적지까지 무사하게 잘 다녀오십시오."라는 인사를 보내보자.

고속도로에서 충돌이나 추돌로 인한 교통사고가 잦다. 운전자가 졸았거나 안 좋은 일에 신경을 썼을 수 있다. 또, 몸이 아플 수도 있다. 이때 켜진 방향지시등은 앞이나 뒤 차에 보내는 경고등이다. 또한, 방향지시등의 "딸각딸각" 하는 소리가 자신에게 주의해서 운전할 것을 주문한다. 비가 오거나 어둑해지면 대부분 미등이나 비상등을 켠다. 상대방에게 주의를 환기하기 위해서도 그렇지만 자신이 보호받기 위해서다. 그러므로 평상시에 방향지시등을 과하다 싶을 정도로 자주 켜는 습관을 들여야 한다.

교통사고 발생률이 몇 십만이나 몇 백만 대에 한 대꼴로 날까 말까 하다고 생각하기 쉽다. 그래서 사고에 관해 조심보다는 느긋하다. 하지만 내가 직접 당해 중상이라도 입는다면, 사고확률은 그냥 백 퍼센트다. 아니 몇 천 퍼센트라고 해도 과언이 아니다. 이때 후회하는 것은 한참 늦다. 많은 운전자가 당신에게 "쿼바디스?Quo Vadis, 어디로 가시나이까?"라고 항상 묻고 있음을 잊지 말아야 한다.

기본을 중시하는 생각이 생명을 구한다. 이 생각도 몸에 배면 인성이 된다. 방향지시등을 켤 때마다 마음속에 인성 과제를 대입하고 학습하자. 별도의 노력 없이 인성을 키우는 좋은 훈련법이다.

진정으로 감동해야 부지런해진다

우리는 어떤 사실이나 이야기에 자극받고 감동한다. 다 알고 있는 두 개의 예를 들어본다. 하나는 베토벤에 관한 이야기고, 또 하나는 유대인 이야기다.

1

베토벤의 교향곡 9번 '합창'을 듣고 감동하지 않는 사람은 없다. 베토벤이 명곡을 많이 작곡하기도 했지만, 말년1824에 청각장애인이 되어 작곡한 곡이라서 더욱 그렇다. 베토벤은 초·중등학교 음악 교과서나 위인전에도 빠지지 않고 실려 있어 음악가 중에도 가장 많이 알려져 있다. '합창'의 마지막 멜로디 중 일부는 찬송가나 결혼 축하곡으로도 쓰여 친근하다. 연말이면 모든 TV 방송국에서 단골로 '합창'의 연주 실황을 중계한다. 감동할 여건이 충분하다.

2

유대인은 "학교 교육보다 인성교육을 먼저"라는 교육 정책을 오래전부터 시행해 오고 있다. 세계 인구의 0.2%에 불과하지만 다양한 분야에서 국제적인 성과를 내고 인재를 가장 많이 배출한다. 기적이라 부를 만큼 놀랍다. 하지만 이 사실에 감동하는 우리나라 사람은 적다. 적다기보다 거의 없다. 달에서 새로운 광석이 발견되었다는 신문 기사 정도처럼 나와 전혀 상관없다는 듯한 반응이다.

왜, 베토벤에게는 쉽게 감동하면서 유대인에게는 감동하지 않는가? 감동에는 두 가지가 있다. 부담 없는 경우와 그 반대인 경우다. 음악 감상에는 별 부담이 없다. 음악을 듣고 감동하였다고 해서 당장 내 직업을 바꾸어 음악가가 되어야 한다는 규정이나 의무 등이 있는 것은 아니다. 개중에 베토벤과 같이 직업적으로 음악가가 된 사람도 있겠지만, 이는 순전히 개인의 자유다. 직접 음악가가 되지 않아도 음악 발전에 이바지해야 한다든지, 음악에 좀 더 관심을 두고 무엇을 하라는 의무나 책임을 느낄 필요도 없다. 그러니 마음껏 즐겁게 감상하고 감동하면 된다.

하지만 유대인의 예는 좀 다르다. 우선 이 사실을 알고 인정한 본인이 부담을 갖는다. 감동까지 하였다면 부담은 더욱 커진다. 인성은 이론적으로 초등학생도 이해하는 데 전혀 어려움이 없을 정도로 쉽다. "이렇게 쉽다고 하는데 현재 나는 유대인에 비해 어느 정도의 인성을 갖추고 있으며 성과를 거두고 있는가?" 하는 생각이 들지 않을 수 없다. 자칫 비교하다 보면 부끄럽다.

누구나 유대인만큼 성공하였다고 자신 있게 말할 사람은 드물다. 인성교육을 담당하는 교육부서에서 일하는 행정가, 교사 등은 더 큰 책임감을 느낀다. 인성교육은 뒤로 물리고 입시와 암기 위주의 교육에 매달리는 부

164

모님도 마찬가지다. 이 사실을 아는 학생도 물론이다. 몰랐다면 안 가져도 될 부담감이다.

인성은 어려서부터 별도로 배운 적이 없어 친숙하지 않다. 현재 가르치는 곳도 없다. 여러 가지 이유로 무시하기가 좋다. 그러니 자연히 몰랐거나 안 들었던 얘기로 치부한다. 감동은커녕 무관심한 표정으로 외면한다. 결국, 없었던 얘기가 된다.

유대인의 성과에 베토벤처럼 진정으로 감동하자. 진정한 감동이 무슨 일이든 시작하게 하고 결과를 만든다.

감동을 인성으로 만드는 시발점으로

감동은 우리를 자극하고 발전시킨다. 하지만 과유불급過猶不及이란 말처럼 너무 지나치면 좋지 않다.

음악이라고 예외일 수는 없다. 집 안에 클래식 감상실을 별도로 만든다. 세계적인 최고급 오디오를 마련한다. 가격으로 따지면 몇 천 만 원에서 억대가 넘기도 한다. 경제적으로 부담이 되는 데도 과감히 설치한다. 어떤 분은 지휘법을 배워 오디오가 마치 교향악단인 듯이 마주 보고 몇 시간 이상 지휘하기도 한다. 이를 비난하려는 의도는 전혀 없다. 오히려 부러운 점도 있다. 다만, 부인되는 분의 얘기를 들으면 손사래를 치며 말을 말라고 한다. 그러니 두 분의 의견이나 뜻을 절충하는 방법도 생각해야 한다.

이 외에 골동품이나 수석 등을 수집하는 사람도 많다. 모두 처음 시작할 때는 멋있고 괜찮아 보인다. 그러나 점점 깊이 빠져 창고가 필요할 정도로 숫자가 많아지면 비례하여 자기주장이 점점 세지며 아집에 빠지기 쉽다. 배우자나 친구의 의견을 무시하며 갈등이 생기는 원인이 된다.

유명 강사의 수강도 비슷하다. 좋은 강의를 듣는 순간에는 감동하여 정말 많은 것을 배운 것 같다. 내일부터 당장에 계획을 세워 무엇인가 실천할 것 같다. 그런데 시간이 조금 지나면 감동의 힘이 약화하며 그전과 별로 달라지지 않는다. 그러면 괜히 허전하다. 다시 강의실을 쫓아다닌다. 잘못하면 강의를 쇼핑하러 다닌다는 말을 들을 수도 있다.

책을 읽고 나서도 거의 같은 경험을 한다. 강의실을 많이 다니거나 다독多讀은 좋은 일이다. 다만, 처음 감동했을 때 차분해지자는 것이다. 감동을 인성으로 만드는 시발점이 되어야 한다. 강의나 책에서 중요하다고 느꼈던 한두 개 내용을 노트에 따로 적는다. 그리고 시간만 나면 반복 학습을 하여 완전히 내 것으로 만든다.

과제가 자기 것이 되었는지 아는 방법이 있다. 괜한 흥분과 기쁨이 찾아온다. 그리고 혼자서 빙긋빙긋 웃게도 된다. 자기도 모르게 "바로 이거네." 하는 마음이 생긴다. 지금까지 전혀 경험해 보지 못한 진짜 감동이 밀려온다. 스님의 깨달음이 대각大覺이라면 이는 소각小覺쯤 될 게다.

더 좋은 것은 자기만의 생각, 아이디어, 지식이 계속하여 새끼를 치듯이 새롭게 생성되어 늘어난다는 점이다. 이후에 또 다른 강의를 듣거나 책을 사서 읽는다면 거기서 오는 감동, 성과 등은 상상 그 이상이다. 주위에서 보는 눈이 달라진다. 그런 모든 것이 인성이 되고 성공이 된다. 인성은 지금보다 더 잘 살아가게 하는 방법이자 무기다. 어렵지도 않다. 오히려 너무 쉬워서 "나중에 하지, 뭐" 하다가 기회를 놓치고 평생 그냥 살게 된다.

거절이 이익

요즈음 코로나19로 많은 사람이 집에서 보내는 시간이 많다. 그래서 매달 일정액만 받고 TV로 영화를 보내주는 회사가 엄청난 호황을 누린다고 한다. 친구들이 좋은 영화를 봤다며 내용을 얘기해 주는데 듣기만 해도 정말 재미있다. 이 회사에선 그런 명화를 무진장 갖고 있다고 한다. 한 달 이용료도 아주 싸다. 이참에 어떤 친구는 TV도 대형으로 바꾸고 오디오 시설도 첨가하여 미니 극장을 만들었다고 놀러 오라고 한다. 부럽다.

영화 보기를 좋아하면서도 이 유료 채널에 가입하지 않았다. 좋은 영화가 너무 많아서다. 다른 일 다 제쳐 놓고 매일 아침부터 저녁까지 영화만 볼 것 같다. 예전에 본 영화를 TV에서 10번 이상 보고도 싫증을 내지 않을 정도로 영화 보기를 좋아한다. 그러니 새로운 영화라면 뿌리칠 수가 없다. 빤히 내다보이는 나 자신의 행태에 겁이 났다.

오래전에 색다른 경험 두 가지를 했다. 하나는 슬롯머신이고 또 하나는 대마초다. 슬롯머신은 그림이나 숫자가 나란히 세 개가 맞으면 돈이 나온다. 잘 나오지 않지만, 특수 무늬가 맞게 되면 종업원이 "잭팟이 터졌다!"

라고 실내가 떠나가라고 외친다. 잭팟을 기대하던 다른 손님들은 흥분해서 돈을 더 넣는다. 기계에서는 엄청나게 많은 동전이 쏟아진다. 그런데 이때 동전 떨어지는 소리가 사람을 몹시 자극한다. 아마 세상에 이보다 쾌감을 느끼게 하는 소리는 없을 것이다. "착착착" 하는 소리가 아름답기까지 하다. 심리학적으로 연구하여 그렇게 만들었다고도 한다. 이거 한번 빠지면 헤어나기 어렵다. 그때 다섯 번 정도 연속해서 간 것 같다. 특별히 간 이유 중 하나가 잭팟은 아니지만 미미하게나마 계속 돈을 땄다는 점이다. 용돈을 벌어 쓰기에 정말 좋은 기계라는 생각이 들었다. 다섯 번 하고 나니 덜컥 겁이 났다. 돈이 떨어지는 소리와 주머니에 들어오는 돈에 스스로 서서히 빨려들어 가는 것을 느꼈다. 그 후 한 번도 간 적이 없다. 안 가길 참으로 잘했다. 초보자에겐 기계가 알아서 잭팟도 터지게 하여 얽매이게 한다고 한다. 그런데 대부분 자기 능력인 줄로 안다.

한때 대마초가 처음 들어와 유행한 적이 있다. 아는 친구가 한번 피워 보라고 해서 피웠더니 떨떠름하기만 하고 별다른 느낌이 없다. 얼마 후 다시 권해서 피워 보았는데, 이때는 몸이 붕 뜨는 것 같으며 보통 좋은 게 아니다. 한참 꿈을 꾸듯이 그런 기분에 들었다가 현실로 돌아왔다. 친구가 내 모습을 보며 동료가 생겨서 그런지 신나 한다. 그리고 또 피워 보라고 준다. "응, 됐어." 하고는 다시는 피우지 않았다.

도덕적으로나 법률적 해석에 앞서 겁이 많은 편이라 빠져들지 못한 면이 크다. 영화는 시간만 잡아먹으니 그래도 괜찮다. 마약이나 도박으로 개인은 물론이고 가정이 파탄되는 사례가 너무나 많다. 거절의 생활화가 이를 예방할 수 있다. 이 습관이 인성이 되고, 일시적으로 중독되었다 해도 쉽게 빠져나올 수 있게 한다.

조기교육이 더 좋다?

자녀의 성공을 바라지 않는 부모는 없다. 그래서 자녀에게 조금이라도 소질이 보인다면 조기교육을 감행한다. 조기 유학까지도 불사한다. 그러다 보니 경제적 부담도 크다. 일반적인 분야도 있고 예체능 등의 분야도 있다. 어느 분야든지 보통 10년 이상은 앞서 시작한 셈이니 쌓인 지식이나 기술, 연습량만 해도 엄청나다.

조기교육은 기본을 제대로 가르칠 수 있다는 점이 무엇보다 유리하다. 늦게 입문하면 조급한 마음에 기본을 건너뛰기 쉽다. 결과적으로 기본을 잘 모르거나 기본을 안 지키는 것이 습관이 된다. 처음에는 기본을 익히는 시간을 생략하다 보니 남보다 굉장히 빨리 학습 진도가 나가는 것 같다. 하지만 기본이 약한 사람은 시간이 지날수록 기본을 익힌 사람과 확연하게 차이가 난다. 발전도 더디다. 어느 시점부터 점점 앞서기가 힘들어진다.

어릴수록 스승이 시키는 대로 잘 따라 한다. 스승이란 어려운 기술이나 지식보다 기본을 완벽히 익히는 것이 성공의 지름길이라는 것을 잘 아는 분이다. 그러므로 기본 이론을 바탕으로 한 동작이나 자세를 계속해서 반복시킨다. 기본의 완성을 몇 번씩이나 확인한 후 다음 단계로 넘어간다. 그래서 세계적인 음악가나 운동선수를 만든다. 그러나 아무리 어려서부터 피나는 노력을 한다고 해도 반드시 성공을 보장하지는 않는다. 확률적으로 실패가 더 많다. 자녀는 자녀대로 힘들지만 부모는 부모대로 어렵고 힘들다. 경제적으로 정말 어려워지는 경우도 많다.

그렇다고 조기교육이 소용없으니 그만두라는 말은 아니다. 또한, 누가 참견할 일도 아니다. 많은 국민이 조기교육에 기꺼이 투자하고 있다. 이분들에게 "왜 120% 성공을 보장하는 인성교육에는 조기 투자하지 않는가?"라고 묻고 싶은 것이다. 성공한 사람의 책을 보면 대부분 인성이 원동력이라고 하였다. 이보다 인성의 조기교육을 감행해야 하는 확실한 이유는 없다. 더욱이 일반 조기교육처럼 엄청난 비용도 들지 않는다. 성공률이 높고 확실하며 누구한테나 기회도 공평하다.

인성은 삶의 기본 도구다. 기본을 알고 갖추면 어떤 분야의 일이라도 빠르고 효율적으로 처리할 수 있다. 그러므로 인성의 조기교육이나 학습을 시행하면 누구나 성공하고 건강하고 행복해진다. 인성으로 전 민족이 쉽게 성공한다는 유대인은 성공이 특별한 일이 아니라고까지 한다. 그러니 그들은 왈츠에 맞춰 항상 즐겁게 춤을 추고 있는 모양새다. 인성 학습도 덩달아 즐거울 것이다. 이젠 우리도 끼어들어야 한다.

i111111111111111111111

사기 공화국

우리나라처럼 사기詐欺 행각이 많은 나라도 드물다. 신문을 봐도 온전한 내용이 별로 없다. 도저히 이해할 수 없는 말과 행동으로 인한 다툼과 사건이 난무한다. 더욱이 사회 지도자급 인사들도 각종 '내로남불'이나 역지사지易地思之가 강조되는 주인공으로 회자하며 여기서 빠지지 않는다. 오죽 심하면 우리 스스로 우리를 '사기 공화국'이라고 부른다.

사기가 생활 속 곳곳에 자연스레 녹아 있는 것이다. 일상이다 보니 아주 위험한 증세가 아니면 별 불편을 느끼지 못하고 함께 산다. 완전 예방이 불가능해지자 함께 살아간다는 의미의 '위드 코로나With Corona'처럼 말이다. 안타깝지만 그럴 수밖에 없도록 우리네 전통이자 관습이 만들고 거들어 왔다.

우리는 예전부터 "동방예의지국"으로 불렸다. 예의를 중시하고 실천하는 대표적인 나라다. 아니 세계 유일 국가다. 중국에까지 널리 알려져 공자가 죽기 전에 꼭 한번 가보고 싶은 나라라고 했다. 하지만 중국은 지나친 예의범절이 너무 형식적이라며 반대하는 기류도 있었다. 국가 경영이

172 제2부 | 인성의 노래

나 경제적인 면에서 실용성이 떨어진다는 이유에서다. 그래서 사회가 한쪽으로 기울지 않고 나름대로 형평을 유지했다. 우리는 별 반대 세력 없이 예의禮義의 원조 국가로 오늘날까지 면면히 이어져 내려오고 있다. 덕분에 세계에서 가장 비실용적인 국가가 되었다. 물론 예의가 없어서는 안 된다. 그러나 현대로 올수록 지나친 예의는 장점보다 각종 사회 문제의 원인이 된다.

가장 흔히 볼 수 있는 예가 '싫다, 좋다, 맞다, 틀리다'라는 말을 확실하게 표현 못 한다. 부당한 요구를 받았을 때 더욱 그렇다. 솔직한 거절이 상대방에게 예의에서 벗어나 실례가 되고 마음에 상처를 준다며 오히려 완곡하게 표현하고 배려한다. 윗사람에게 소신껏 이야기하거나 개선점을 얘기하면 예의 없이 건방지게 군다는 소리를 듣는다. 잘못하면 따돌림까지 당한다. 그러니 말이나 행동이 모두 핵심을 피해 겉으로 빙빙 돌 수밖에 없다. 더욱이 우리는 세계에서 가장 종류가 많고 발달한 존댓말을 쓴다. 상대방을 존중하면서 거절하려니 보통 어려운 일이 아니다. 설사 내가 거절했더라도 상대방은 수락으로 알아들을 정도다. 거절도 아니고 수락도 아닌 게 된다. 의도적인 게 아니더라도 명확하게 거절하지 못하고 머뭇거리다 보면 자기도 모르는 사이에 사기의 주인공이나 가담자, 피해자가 된다. 작은 사기는 애교로 봐줄 수도 있다. 하지만 엄청난 사기로 인한 피해가 개인과 기업, 사회로 퍼져나가 커진다. 수많은 사람이 수천억 원의 사기 사건에 연루되어 개인과 사회의 한 분야가 무너지기까지 한다. 최고의 예의 국가가 엉뚱하게 최고의 사기 국가가 된다.

입시와 암기 위주의 교육도 현재 별 개선 없이 그대로 시행된다. 이보다 큰 사기 사건은 없다. 부모나 교육 당국자, 정치인 등 연관 안 되는 사람이 없다. 규모가 가히 전 국가적이다. 실패자를 만드는 교육이라고 맹비난을 받음에도 여전히 최고의 교육 정책으로 시행되고 있으니 더욱 그렇다. 자녀가 사회에 나가 경제적으로 살아나갈 능력을 키워주지 못하는 교육이 사기가 아니고 도대체 무엇이란 말인가? 잘못하면 사기꾼을 키우는 교육이 될 수도 있다.

사회에서 살아가려면 항상 돈이 필요하며 웬만큼 벌어도 풍족하지 않다. 그런데도 상대방을 존중하라는 예의범절을 가르치는 학교는 있어도 돈 버는 방법을 가르치는 학교는 없다. 아무리 정당한 사정이나 이유가 있다고 해도 현실은 봐주지 않는다. 냉혹하다. 그러니 모자라는 능력과 경제적 부족함을 메꾸기 위해, 쌓아온 연緣, 혈연·지연·학연·사회연을 이용할 수밖에 없다. 조그만 연줄만 있어도 상호 간에 이권을 부탁하고 과장되게 약속한다. 무리라는 것을 알면서도 선금까지 주고받는다. 뇌물이다. 미국은 사기 범죄를 살인죄보다 무겁게 다스린다고 한다. 그만큼 신용 사회라는 증거다. 하지만 우리는 재수가 없어서 걸렸다고 할 정도로 사기나 뇌물이 흔하고 죄의식도 없다. 관대하기까지 하다. 중형을 내리기도 어렵다. 중형을 내리면 너무 많은 국민이 연루되어 국가적 혼란이 올 수도 있다. 이를 알고서는 더 극성이다.

'사기', '뇌물' 양대 공화국에 그치면 그래도 낫다. 여기서 안 좋은 모양으로 계속 발전한다. 그래서 '~공화국'이라는 식으로 비하되는 분야가 많아도 너무 많다. 이제 이런 불명예를 씻고 세계 일류 국가로 도약할 것인지 아닌지를 결정해야 한다. 인성과 인성교육 중시로 지금까지의 황당한 구렁텅이에서 재빠르게 벗어나야 한다.

소설과 현실은 달라

몇 번을 반복해서 읽어도 재미있는 책 중에 나관중羅貫中, 1330?~1400의 소설 『삼국지연의三國志演義』가 빠질 수 없다. 그런데 흥미가 반감되면서 책 읽는 진도가 잘 안 나가는 대목이 있다. 관우가 위기에 빠지고 급기야 참수당하는 장면에서부터다. 어떤 분은 제갈량이 죽었을 때라고 말하기도 한다. 하기야 제갈량의 죽음은 삼국지의 끝을 의미하기도 한다. 하지만 관우라는 의견에 수긍하며 자기 뜻을 바꾸기도 한다. 그만큼 삼국지에서 관우가 차지하는 비중은 크다. 조조가 관우의 사람됨에 빠졌듯이 독자들도 관우의 매력에 빠져들 수밖에 없다. 그런데 마지막 죽는 장면이 영웅호걸의 모습과 달라서 안타까움을 준다.

제갈량은 형주를 지키는 관우에게 오나라와는 친선을 유지하고 북쪽의 위나라와는 강경히 맞서라고 부탁하고 떠난다. 하지만 오나라 손권이 자기 누이와 관우의 아들을 결혼시켜 화해를 도모하려는 요청을 단칼에 거절한다. 오랑캐의 자식과 자기 아들을 결혼시킬 수 없다는 이유에서다. 심한 모욕을 느낀 손권은 앙심을 품고 복수할 날을 기다린다.

오나라의 맹장 여몽이 손권의 뜻을 알아차리고 형주를 쳐 단숨에 빼앗아 오겠다고 나서자 손권이 그에게 전권을 내준다. 하지만 형주를 돌아본 여몽은 철통같은 방비 태세에 지레 겁을 먹고 병을 빙자하여 조정에 나가지 않는다. 전략가 육손이 이 사태를 역이용해 이길 꾀를 낸다.

여몽이 깊은 병이 들어 집으로 돌아가고 대신 나약한 선비형의 육손이 여몽의 부대를 맡았다고 소문을 낸다. 그리고 형주성으로 많은 공물을 갖다 바치며 오나라 군대가 모두 진짜 겁을 먹고 있다는 분위기를 연출한다. 관우는 위나라의 번성 공격에 어려움을 겪다 이 소식을 듣고서는 하늘이 주신 기회라며 형주의 주요 병력을 번성 쪽으로 빼돌린다. 육손은 군사들을 모두 상인처럼 꾸미고 형주를 공격할 계획을 세운다. 형주 근처를 지나다 뱃길을 잘못 들은 것 같이 꾸며 형주에 상륙한다. 그리고 형주에 하룻밤만 머무르게 해 달라고 간청한다. 역시 술과 고기를 비롯한 뇌물을 경비병들에게 잔뜩 바친다. 경계가 느슨해진 밤이 되자 배 밑에 숨어 있던 수많은 병사가 배에서 나와 성을 공격하여 쉽게 형주를 빼앗는다.

이후의 이야기는 알려진 대로다. 근거지 형주를 잃은 관우는 이리저리 쫓기다 싸움다운 싸움 한번 못해 본 채 마지막 '맥성전투'에서 대패하고 사로잡혀 참수를 당한다. 이 소식을 들은 장비와 유비 모두 허무하게 무너진다. 장비는 울분을 참지 못해 매일 술로 세월을 보내며 애매한 부하들을 때리는 등 괴롭히다 잠든 사이에 엉뚱하게 부하에 의해 살해당한다. 유비는 제갈량이 말리는 데도 동생들의 원수를 갚는다며 모든 것을 그에게 맡기고는 오나라를 상대로 무리한 전쟁을 일으킨다. 하지만 '이릉대전'에서 패하고 역시 죽는다.

태어난 날은 다르지만, 한날한시에 죽자고 도원결의桃園結義를 했던 그들이다. 그러니 그들의 맹세와 의리에 관해 뭐라 할 말은 없다. 그러나 의리를 지키려는 개인감정에 치우쳐 전쟁을 일으키는 것은 잘못이 아닐 수 없다. 감정이 앞서다 보면 이성을 잃게 되어 제대로 된 작전을 세울 수가 없다. 전쟁에 패하여 지휘자인 자기 한목숨 잃으면 그만이다. 그러나 따르던 수많은 병사는 명분 없는 죽음이요, 가족들의 슬픔과 비참함은 어디에 비할 바가 아니다. 인성을 앞세웠다면 관우는 자기 아들과 손권의 누이와 결혼을 시키고, 장비는 부하들과 무술을 훈련하며 복수할 날을 기다린다. 유비는 제갈공명의 지시에 따른다. 역사에 가정은 없다지만 인성이 역사를 바꿀 수 있음이다.

유대인은 역사적으로 굴욕을 참는 데 이골이 난 민족이다. 나라가 없었으니 항상 원주민에게 무시당하고 목숨까지 위태로웠다. 살아남기 위해서는 어떤 굴욕도 참는다. 그렇지 않으면 유대인은 지구상에서 일찌감치 멸망해 사라졌을 것이라고 자기들 입으로 말한다. 어쩌면 어떤 굴욕도 참아 내고 살아남으라는 교육이 유대인 인성교육의 전부라 해도 좋다. 실제로도 인성교육은 어떻게 하면 살아남을 수 있나 하는 생존법 교육이다.

소설은 아쉬움을 자아내는 진행이라야 밤을 새워 보는 재미가 있다. 하지만 현실에서 아쉬움이 남는 판단은 재미가 아니라 상상을 초월하는 비극의 시작이며 실수 또한 용서되지도 않는다.

1만 번의 법칙

모든 운동은 반복 훈련의 산물이다. 연습할 때도 그렇지만 실제 경기도 연습했던 때와 거의 같은 동작의 반복이다. 운동 중에서도 특히 호신술이 인성과 비슷하다. 호신술은 공격보다 수세적인 입장에서 몸을 지키는 기술이다. 상대방의 급소나 힘을 이용하므로 힘이 약한 여성도 쉽게 익힐 수 있다.

전문적으로 배운 적은 없지만, 알고 있는 호신술 한 가지가 있다. 치한이 뒤에서 갑자기 양팔로 깍지를 끼고 상체를 꽉 조이면서 공격해 오면 매달리듯이 두 발을 땅에서 살짝 들어준다. 갑자기 무거워진 몸무게로 치한의 신경이 모두 조이고 있는 팔에 쏠리게 되면서 더욱 힘을 주게 된다. 이때 공중에 뜬 발뒤꿈치로 치한의 급소인 발등을 '꽉' 내려찍는 것이다. 지하철이나 버스 안에서 옆 사람에게 발등을 밟혀 본 사람은 그 위력을 충분히 알 것이다. 특히 여성의 뾰족한 구두 뒷굽에 밟히면 그대로 주저앉고 싶을 정도로 충격과 고통이 크다. 더욱이 힘을 주어 찍히게 되면 충격은 상상 그 이상이다. 자연히 치한의 팔이 풀리고 그사이에 위험에서 탈출한다는 시나리오다.

이론은 매우 쉽다. 하지만 순식간에 일어나는 일이므로 반복 훈련을 거쳐 자기화나 자동화가 되지 않으면 아무런 소용이 없다. 무의식적으로 시행할 정도의 훈련 없이 어설프게 시행하면 안 하니만 못하다. 치한을 폭력적으로 흥분시켜 더 큰 피해를 볼 수 있기 때문이다.

권투에서 가상 인물을 상대로 거울을 보며 혼자 연습하는 '섀도복싱 Shadow Boxing'이라는 것이 있다. 짐 코벳James J. Corbett, 1886~1933이란 선수가 이 섀도복싱의 원조이면서 유명하게 만든 장본인이다. 그는 대전할 상대 선수가 정해지면 거울에 비친 자신의 모습을 보면서 가상의 상대를 향하여 한 개 펀치당 약 1만 번 이상 뻗는 반복 연습을 하였다고 한다. 특히, 권투는 일정 회가 지나면 체력의 한계를 넘게 되어 거의 무의식적인 공격과 방어에 의존한다. 이때 평상시 반복 훈련의 양과 비례하여 승패와 상금의 액수가 달라진다.

인성도 아무리 극한 상황이 닥치더라도 무의식적인 행동이 돼야 한다. 이를 위해 주어진 인성 과제를 반복에 반복 훈련을 더해 '1만 시간의 법칙'처럼 최소한 1만 번을 넘어서야 한다. 성공을 목표로 하지만 위기에 처했을 때 호신술을 익힌 것처럼 쉽게 벗어날 수 있다. 실제로도 인성은 세상의 모든 공격으로부터 우리를 지켜주는 호신술이다.

돌 보기를 황금같이 하라

황금만능주의는 "돈이면 세상 모든 일을 다 해결한다."라는 생각을 굳건히 하고 행동하는 주의를 말한다. 한편으로는 "전 국민이 황금만능주의의 폐해에 빠진다면 국가의 장래는 어떻게 될 것인가?"라며 걱정하는 말이기도 하다. 그래서 예전부터 우리 조상들은 청렴결백淸廉潔白한 사람이 많을수록 이상적인 사회라고 말했다. 옛 선인들이 꿈꾸는 무릉도원武陵桃源일 수도 있다.

그러나 이런 사회로 가기를 국민투표에 붙인다면 과연 몇 퍼센트가 찬성할까? 찬성보다는 반대표가 더 많을 것이다. 유대인에게는 '청렴'이라는 개념이 없다. 그들은 돈은 유용한 도구이므로 잘만 사용하면 많을수록 좋다고 한다. 우리는 반대로 "황금 보기를 돌같이 하라."라고 가르친다.

예전 초등학교 다닐 때는 활동적인 놀이가 많았다. 특히, 여학생들은 줄넘기라든지 고무줄을 이용한 몸놀림놀이를 많이 했다. 놀이할 때 대부분 노래를 부르며 동작을 맞춘다. 이때 음악 교과서에 실렸던 '최영 장군' 노래를 가장 많이 불렀다. 가사 중에 최영 장군 아버지의 말씀이라며 "황금 보기를 돌같이 하라."가 나온다. 여학생들이 노는 시간이면 운동장 여기저기에 모여 고무줄놀이를 하며 노래를 해대므로 귀에 못이 박이도록 많이 들었다. 초등학교 6년 동안 매일 들은 셈이다. 방학이나 공휴일에는 동네 공터에서 또 듣는다. 남학생들은 음악 시간에 이 노래를 부른다. 다른 교과서와 일반 수업 시간에도 수시로 강조되는 구절이기도 하다. 어려서의 교육이나 생각이 성인이 되어서도 영향을 미친다. 그래서 "황금 보기를 돌같이 하라."라는 말을 노래와 동작으로 몸에 익히며 자란 학생은 성인이 되어도 몸에 배어 있다. 원하든 원하지 않든 자기도 모르게 돈을 멀리하는 인성이 형성된다.

그러나 이것이 과연 바람직한 교육인가 묻지 않을 수 없다. 당장 쌀이 떨어졌거나 병원비가 없어 치료를 포기한 사람 바로 앞에서 이 말을 했다가는 봉변당하기 십상이다. 설혹, 어렵지 않은 보통 사람에게도 이 구절을 자신 있게 가르칠 교육자는 별로 없을 것이다. 황금만능주의의 지나친 경계는 자동차 사고로 사람이 많이 다치니까 자동차를 없애든지, 흉기로 인한 상해 사건이 많으니 칼을 없애자는 것과 조금도 다를 바 없다. 당장에 자동차가 없으면 전 국민이 하루라도 움직일 수 없으며, 칼이 없으면 집에서나 음식점에서 음식 먹기가 어렵다. 그런데도 많은 선생님이 제자들에게 "황금 보기를 돌같이 하라."라는 구절을 열심히 가르친다. 예전에도 그랬지만 오늘도, 미래에도 그럴 것이다.

제대로 된 경제 교육이 필요하다. 미국에서는 유치원에서 증권 조기교육을 한다. 초등학교에서부터 기업가 정신을 가르치는 곳도 많다. 경영대학원 과제인 '협상'을 가르치는 곳까지 있다고 한다. 예전으로 갈수록 정보도 어둡고 모든 분야가 어리숙했던 시절이라 그래도 돈 벌기가 쉬웠다.

그래서 졸부가 많이 탄생하고 이들의 무지한 생각과 행동을 경계하는 차원에서 황금만능주의의 폐해가 더욱 많이 강조되었다. 하지만 이제는 모든 자료나 정보가 언론이나 인터넷 등으로 공개되어 있어 돈 벌기가 보통 어려운 게 아니다. 아무리 황금만능주의 사고방식을 갖고 열심히 노력해도 돈은 쉽게 벌 수가 없다.

연애를 포함하여 일곱 가지를 포기하고 산다는 "7포 세대"라는 말을 듣는 요즈음 청년들도 실은 경제가 최고의 문제다. 그런데 이 청년들에게 황금만능주의 사상을 경계가 아니라 권장하며 열심히 주입한다고 해서 경제 문제가 쉽게 해결되지 않는다. 아직도 황금만능주의로 인해 청소년들의 도덕성이 땅에 떨어졌으니 인성교육으로 도덕성을 회복하자고 하는 분들이 많다. 인성의 참모습을 모르고 하는 소리다. 더욱이 시대적인 면 외에 여러 가지 면에서 앞뒤가 맞지 않는 동떨어진 내용이란 사실을 모른다.

이제 황금만능주의의 장단점을 가르쳐 현실과 조화시키는 방법을 알게 해야 한다. 이것이 "물고기를 어떻게 잡을 것인가?"를 효율적으로 가르치는 인성교육이다. 예전보다 몇 배나 똑똑해진 요즘 학생에게 황금만능주의를 강조하고 가르친다면 단점보다 장점이 더 많다. 오히려 "돌 보기를 황금같이 하라."라고 가르쳐야 한다.

||||||||||||||||||||||||||

병원이 장사는 아니지만

병원도 요즈음은 '빈익빈부익부貧益貧富益富'라고 한다. 최신 시설로 꾸며진 대형 병원은 환자가 많아 운영이 잘 되고, 소형 병원은 운영이 어렵고 규모가 축소되다가 문을 닫는다. 어쩔 수 없는 시대의 흐름으로 당연한 현상처럼 보인다. 하지만 경영이 어려운 기업을 유능한 기업인이 인수하여 더욱 크게 발전시킨 사례는 많다. 그렇다고 새로운 운영자가 초능력을 발휘한 것은 아니다.

몇 년 전에 지방의 한 병원이 언론에 집중적으로 보도된 적이 있다. 쌓이는 적자로 문을 닫게 된 지방자치단체의 대형 병원을 인수하여 흑자로 돌리고 도시에 사는 환자까지 지방으로 오게 했다. 새로 인수한 CEO가 강조한 해결책이란 '미소'와 '친절'이었다. 전 직원은 물론이고 의사와 간호사들까지 모두 동참시켰다. 의사가 웃으면 환자는 병의 반이 나아진 기분이 든다. 저절로 치료 효과가 높아진다. 그러니 병원 운영이 잘 될 수밖에 없다. 경영의 모범 사례로 전국의 각종 병원은 물론이고 기업이나 지방자치단체 등에서도 견학을 올 정도로 유명해졌다.

동네의 한 중형 병원 성장기도 이와 비슷하다. 발전 속도가 정말 대단하다. 처음 이 병원에 갔을 때 의사나 간호사보다 안내원이 더 많은 것이 아닌지 착각할 정도였다. 환자들이 머뭇거리며 어디를 찾거나 갈 데를 모르는 눈치면 어느새 안내 직원이 쫓아와 상냥하게 미소를 지으면서 "무엇을 도와드릴까요?"라고 묻는다. 어떨 때는 바로 앞에서 갑자기 나타나 묻는 바람에 깜짝 놀라기도 한다. 이 병원에서 불편함을 느끼는 환자는 거의 없다.

사람을 만족하게 하는 일은 아주 작은 데 있다. 세계적으로 발전한 한 호텔의 단골이 된 사람의 예도 그렇다. 언젠가 호텔 로비에서 급히 무엇을 적어야 하는데, 볼펜은 없고 그날따라 데스크가 붐비는 바람에 어찌할 바를 모르고 있었다. 그런데 웬 허름한 작업복 차림의 직원이 나타나 볼펜을 내주더라는 것이다. 그래서 종이에 필요한 사항을 적고 그 직원에게 어떻게 된 일이냐고 물어보았다고 한다. 그 직원은 호텔 밖 정원에서 사다리에 올라 일을 하고 있었는데 우연히 유리창을 통해 고객을 보니 볼펜을 찾는 것 같아 로비 안으로 들어와 드리게 되었다는 것이다. 이 고객은 정원에서 일하는 직원이 이 정도라면 다른 면은 볼 필요도 없다며 그 호텔의 단골이 되었다고 한다.

외국의 한 신학대학에는 '교회경영학'이라는 과목이 있다고 한다. 이제는 의대에도 '병원경영학'이라는 과목이 있어야 한다. 전문적인 경영학이 아니더라도 1~2시간 정도를 배정하여 '미소'와 '친절', '배려' 등의 인성으로 병원 운영을 얼마든지 잘 할 수 있음을 가르치고 배워야 한다.

병원 운영의 핵심이 의술인가, 인성인가? 병원을 현재 경영하고 있거나 앞으로 경영할 의사라면 한번쯤 심각하게 고민해야 한다. 물론 의술이 먼저임은 말할 것도 없다. 하지만 실제로 파산하는 병원은 의외로 많다. 절대로 남의 일이 아니다.

누구나 경험하지만, 의사들은 대체로 두 부류로 나뉜다. 한 분은 환자와 대화를 잘 나눈다. 또 한 분은 아주 필요한 말 외에는 거의 하지 않는다. 의도적인 것은 아니지만 결과는 엄청나게 다르다. 가게에 물건을 사러 갔다고 생각하면 답이 금방 나온다. 고객이 묻는 말에 친절히 응대하고 좋은 물건이나 서비스를 제공하면 당연히 장사가 잘된다. 반대라면 한두 달 이내에 문을 닫아야 할 것이다. 물론, 병원에서 의사가 그렇게 할 수는 없다. 하지만 친절함도 환자의 치료 과정이라고 생각하면 필수다. 그러면 병원 운영에 실패할 염려는 정말로 없다.

친절하면 좋지만 한 환자한테만 시간을 너무 많이 빼앗겨 다른 환자를 보는 데 지장을 준다고 걱정하는 의사가 있다. 하지만 말을 많이 할 필요가 없는 환자도 있으니 잘 조절하면 별문제는 없다.

성형수술 하기 전에 잠깐

『성공의 법칙』(원제 Psycho-Cybernetics, 비즈니스북스, 2019)의 저자인 맥스웰 몰츠Maxwell Maltz 박사는 원래 성형외과 의사였다. 기형으로 태어나거나 사고로 인한 신체의 변형으로 고민하는 사람을 고쳐주는 의사였다. 실제로 많은 사람이 성형 문제로 부정적인 사고방식이나 열등의식 등으로 사회 활동에 어려움을 겪는다. 이들에게 용기나 자신감만을 갖고 얼마든지 살 수 있다는 식으로 감히 말하기는 어렵다.

맥스웰 몰츠 박사는 성형 환자들을 상대로 수술을 하며 많은 보람을 느꼈지만, 한편으로는 의문이 생겼다. 수술로 원래 모습이 정상적으로 바뀌었는 데도 정신적인 문제가 그대로 남아 있는 사람이 의외로 많았던 것이다. 그는 보이는 물리적인 쪽보다 "마음의 성형수술"이 더 필요함을 깨닫고 개선 프로그램을 만들고 보급하는 쪽으로 전공과 하는 일을 바꿨다. 사람은 긍정적이든 부정적이든 정신 자세에 따라 행복과 불행의 결과가 달라진다는 점을 너무나 많이 보았기 때문이다.

한 TV 방송국에 자주 나오는 남자 아나운서가 얼굴 성형을 한 것 같다.

연예인을 비롯하여 방송에 나오는 사람 모두 얼굴 모습에 민감하다. 취업을 위한 '취준생'들의 성형도 많다. 직장 상사가 아래 직원에게 권하기도 한다. 좀 더 좋은 인상으로 시청자나 상대방에게 호감을 주려는 방편이니 이해는 간다. 성형을 반대하는 것은 아니지만 맥스웰 몰츠 박사의 말처럼 마음의 성형으로 어느 정도 문제점을 해결할 수 있다.

대학 때 전공 관련으로 알았던 한 여학생이 있다. 졸업한 후에도 모임을 하며 가끔 만났다. 아주 특별한 미인이라서 소개하려 한다. 평상시 그냥 얼굴만 보면 정말 못생겼다. 그런데 항상 웃는다. 웃지 않는 얼굴을 본 적이 없다. 그리고 이 여학생처럼 웃는 모습이 귀여운 여인을 본 적이 없다. 타고난 것인지 연습의 결과인지는 모른다. 나중에 결혼 상대자라며 모임에 데리고 나와 소개를 하는 데 정말 준수하게 잘 생겼고, 직장도 우리나라에서 제일 잘 나가는 금융회사다. 그 여학생이 웃으며 얘기한다. 남편 될 사람이 평상시 나를 보면 무서운데 웃는 모습에 반해서 결혼하게 되었다고 한다. 이 여학생의 자산이라고는 웃는 모습밖에 없다고 해도 과언이 아니다. 그런데 웃는 모습의 장점을 포기하고 성형수술에 의존하며 열등감에 젖었다면 아마 지금의 남편을 만나기도 어렵고 실생활의 행복도 찾기 어려웠을 것이다.

누구에게든 성형수술 전에 우선 '미소 짓기' 훈련을 권하고 싶다. 굳이 성형수술을 할 필요가 없거나 비용을 반의반 이하로 줄일 수 있다. 인성의 목적은 실리와 성과다. '미소' 하나로 최고의 배우자를 만났으니 이보다 더 크고 소중한 실리와 성과는 없다. 실제로도 미소를 비롯한 인성으로 못 이룰 목표는 없다.

레이건 쉽게 되기

TV 방송국 아나운서 출신으로 정계에 입문한 J씨는 영화배우처럼 잘 생겼다. 목소리도 좋고 또 방송하며 전국적으로 얼굴이 알려졌으니 유권자들에게 신임을 얻기가 좋다. 실제로 한 번도 거르지 않고 연속해서 5선 국회의원을 한다. 이분의 정치 성향보다 호감 가는 얼굴로 인해 좋아했다. 정치하는 모습 자체가 멋있어 보이는 분이다. 그런데 20여 년이 지난 어느 날부터 언론에 보도되는 얼굴을 자세히 보니 예전의 J씨가 아니다. 놀랄 정도로 완전히 달라졌다. 물론 나이가 들면 누구나 달라진다. 그런데 나이 들어 달라진 거와는 좀 다르다. 심한 표현으로 얼굴이 일그러졌다. 주위 상황에 따른 게 아니라 항상 그렇다. 지쳐 보이기도 한다.

다른 일로 한동안 이분을 잊고 지냈다. 최근 중요 사건이 많아 뉴스를 보는 시간이 많아졌다. 그런데 보도되는 정치인들의 얼굴이 놀랍게도 모두 J씨와 비슷하다. 아니 J씨보다 더 일그러진 사람이 많다. 의문이 들었다. "왜 정치하는 사람 중에는 후덕한 인상을 지니거나 유지하는 사람이 없을까?" 국가와 국민을 위해 밤낮으로 일하다 보니 쌓이는 각종 스트레스로 그럴 수 있겠다. 하지만 진정으로 국가와 국민을 위한다면 깊은 고뇌로 얼굴이 성직자를 닮아야 할 것이다.

자기가 몇 년 전에 한 이야기를 오늘 뒤집는 분은 그래도 양반이다. 한두 달 전이나 하루 이틀 전, 아니면 아침에 한 말을 저녁에 바꿔야 하는 것이 요즘 정치인들의 행태다. 마음이 나빠서가 아니다. 경쟁 관계에 있는 상대 당과 싸워서 이겨야 하고 당 내에서는 윗분에게 잘 보여야 한다. 잘못이 명백히 드러나도 잘못이 아니라고 변명을 하거나 "유감"이라는 표현만 하려니 두 얼굴을 가질 수밖에 없다. 양심은 집에 두고 다녀야 한다. 이런 상대를 대해야 하는 상대방도 몹시 비극적이다. 아무리 정치인이라도 인간이므로 스트레스가 쌓이고 상처를 입는다. 마음 상태가 밖으로 나타나는 곳이 얼굴이다. 보이지 않는 상처가 생겨나고 나을 만하면 재발되고 덧나다 보면 예전 얼굴을 유지하기 어렵다.

몇 년 전 시골 농부처럼 생긴 두 정치인을 신문에서 봤다. 아직도 이렇게 순수하게 생긴 분이 있었나 하고 의문이 들 정도였다. 계속 봐도 변치 않는 모습이다. 반가운 마음에 신문이나 TV에서 그 두 분만 쫓았다. 그런데 최근에 일어난 몇몇 사건에서 일방적으로 당에 이로운 말을 하면서부터 그분들도 얼굴이 일그러진다. 그동안은 미소형으로 양쪽 입꼬리가 위로 올라가 있거나 일자 정도였는데 밑으로 내려가기 시작한 것이다. 호감을 주는 얼굴이었다가 권위주의적인 비호감형 얼굴로 바뀌었다.

정치인이면 알아두면 좋은 사실이 하나 있다. 미국의 로널드 레이건 Ronald Reagan, 1911~2004 대통령은 미국에서 정치를 잘한 대통령 3위 안에 꼽힌다. 이분에 관한 미국의 언론 평이 국내 신문에 보도된 적이 있다. "레이건이 한 일이라곤 아침마다 TV 뉴스 시간에 나와 웃는 얼굴을 국민에게 보여 준 것밖에 없다."였다. 정치는 안 하고 배우 출신답게 매일 웃기만 했다는 비아냥으로 들릴 수도 있다. 하지만 레이건 대통령의 얼굴을 상상해 보자. 웃는 모습이 마치 천진난만한 아기 같다. 그의 얼굴을 보고 기분 나빠 할 국민은 없다. 그의 웃는 얼굴을 보면서 하루를 힘차게 시작하는 국민도 있을 것이다. 정치와 경제는 결국 정치인이 아니라 국민이 한다. 약간 과장된 면은 있지만, 하여간 아무것도 안 했다고 평가받는 레이건이 인기 순위 3위 안에 든 이유가 너무나 간단하다. 그러므로 국민에게 꿈과 희망을 주는 정치인이 되는 꿈을 꾼다면 할 일이 하나 있다. 정치는 뒤로 미루고 일단 인성 1호인 '미소 훈련'부터 하는 것이다. 역사적인 정치인으로 쉽게 올라서는 길이다.

2005년 《디스커버리채널》이 선정한 '위대한 미국인 100인' 중 1위가 레이건이다. '상대성이론'을 발표한 아인슈타인이 되기는 어렵다. 하지만 레이건이 될 기회는 누구에게나 열려 있다.

때리지 좀 마!

지난 2020년, 경주시 트라이애슬론Triathlon, 철인 3종 경기 최숙현(당시 22세) 선수가 젊은 나이에 자살했다. 지도자를 비롯한 몇몇의 폭력이 그 도를 한참 넘었다. 부모의 황당하고 아픈 마음은 어디에 비할 바가 없다. 많은 국민이 내 자녀가 당한 일처럼 충격을 받고 슬픔과 안타까움을 같이했다.

체육은 국민의 몸과 정신 건강을 지키는 것이 첫째 목적이다. 그런데 왜몸과 마음을 병들게 하는 이런 현상이 생기는 것일까? "승부에 너무 집착하다 보니 그렇다"라는 등 언론을 통해서 알려진 원인은 많다. 인간은 완벽하지 않다. 따라서 세상에 문제가 없는 분야가 없다. 다만 심한지 아닌지의 정도 차이일 뿐이다. 체육계보다 더 심한 분야도 많다. 정치계 문제는 전 인류의 숙제이기도 하다. 종교계도 가끔 등장한다. 그렇다고 체육계폭력이 사회 전반적인 사안 중 하나라며 손을 놓고 있을 수만은 없다.

외인부대 성격의 꼴찌 운동팀이 우승하는 만화나 영화가 있다. 비결이무엇인가? 스스로 훈련하는 데 있다. 감독이나 코치가 시키기 전에 스스로 알아서 즐겁게 훈련한다. 감독이나 코치가 정하거나 시키는 훈련의 강도보다 오히려 높게 책정하기도 한다. 감독이나 코치가 선수를 훈련하는 방법은 두 가지다. 폭력을 쓰는 방법과 인성을 발휘하는 방법이다. 폭력은 말 그대로 비인간적인 방법이다. 육체적으로 극한 상황이나 고통을 전제로 현재 훈련의 어려움을 이겨나가게 한다. 특히, 과거에 군대 훈련에서 많이 사용했다. 폭력으로 인한 고통이 극심하므로 조금 약한 훈련 상황을 받아들이고 훈련의 고통을 이겨낼 수밖에 없다. 하지만 인성을 중시하면 폭력을 사용할 때보다 성과가 훨씬 더 좋을 수 있다. 관련되는 말이다. "주도적이 되면 50배의 성과가 난다." 5배도 아니고 무려 50배다.

스포츠 경기는 훈련한 대로 경기가 진행되는 경우는 별로 없다. 항상 예외 상황이 발생한다. 여기서 승부가 갈린다. 인성을 바탕으로 훈련한 팀은 예외 상황까지 준비한 성과를 낸다. 인성은 생각에서 출발하기 때문이다. 그래서 강한 상대방을 이기고 우승도 한다. 물론 꼭 이런 결과가 나오는 것은 아니다. 하지만 확률이 높은 것만은 틀림없다. 미국이나 일본에서 활동하던 우리나라 선수가 휴식기에 한국에 나와 훈련하는 모습을 보면 모두 스스로 계획을 세우고 알아서 한다.

무슨 일이든지 주도적으로 해야 한다. 그러면 50배의 성과를 낼 수 있다. 50배가 작은가?

마음속에 거북이를 키워라

초등학교 교과서에 실린 '토끼와 거북이' 얘기는 누구나 다 안다. 토끼와 거북이가 달리기 시합을 했다. 한참 앞서가던 토끼가 중간에 잠깐 쉬다가 잠이 드는 바람에 거북이가 이겼다. 우리네 교육 현실이 이보다 더 딱 맞을 수가 없다.

고등학교부터 대학교 1~2학년까지의 우리나라 학생들의 평균 성적은 세계에서 1등이다. 밤낮을 가리지 않고 쉼 없이 달려온 덕이다. 하지만 이후부터 갑작스럽게 느려지며 뒤처진다. 마라톤을 100m 달리기식으로 달리다 보니 일찌감치 지쳤기 때문이다. 모든 공부가 정체된다. 다른 나라 젊은이들에게 앞자리나 승리를 속속 내준다.

인성을 중시하는 교육에서 "빨리 달리기"는 없다. 처음부터 거북이처럼 천천히 간다. 시험이 없고 성적 순위도 없다. 하나의 문제를 갖고 혼자 스스로 생각하며 풀게 한다. 시간이 많이 남으니 운동이나 일반 놀이도 즐긴다. 음악, 미술 등 각종 특기나 취미 생활도 한다. 이 과정을 통해 좋은 친구도 사귄다. 전자는 지식을, 후자는 스스로 생각하는 힘을 기르게 한다. 어느 시점에 이르면 스스로 생각하는 힘이 폭발한다. 거북이가 토끼가 되고, 토끼는 거북이가 된다.

애초의 토기와 거북이 경주는 부산까지 걸어서 가는 사람과 KTX를 타고 가는 사람이 누가 먼저 빨리 가느냐의 내기와 별반 다를 게 없다. 우승자가 확정된 상태에서의 경주다. 하지만 KTX는 너무 빨라 창밖의 경치를 감상하기가 수월치 않다. 휙, 하고 금방 지나간다. 공부에 재미를 느끼기 어렵다. 거북이의 걸음은 느리지만, 길옆에 핀 꽃이나 풀도 마음껏 구경하면서 천천히 간다. 친구들과 이야기하며 마냥 간다. 경주라는 개념도 잊는다. 사는 게, 경주가 너무 재미있다. 혹시 토끼가 좀 더 일찍 깨어나 거북이를 이겼더라도 진 것이다. 토끼가 얻은 것은 거북이한테 이겼다는 사실 하나뿐이다. 거북이는 중간에 얻은 것이 많다. 심신이 건강해진다. 다음 경기가 기다려진다. 토끼는 도무지 재미가 없으니 경주가 싫다.

"천천히 가는 것이 가장 빨리 가는 방법이다."라는 말도 있다. 누구나 거북이처럼 유유자적悠悠自適하고 싶지 않은 사람은 없을 것이다. 즐기면 이기고, 억지로 매이면 진다. 하지만 우리 모두의 실제 행동은 항상 토기처럼 쫓기듯이 급하다. 관습에 젖어서다. 마음속에 거북이를 키울 필요가 있다.

성실해서 불리?

　기러기 떼가 밤에 물가에서 잠을 자고 있다. 항아리 속에 촛불을 감춰서 다가간다. 촛불을 조금 들어 올리면 보초 기러기가 놀라 울고 대장 기러기가 잠을 깬다. 바로 촛불을 감춘다. 아무 일이 없음을 확인한 대장 기러기가 화를 낸다. 조금 뒤 기러기들이 다시 잠들면 촛불을 들어 보초 기러기가 또 울게 한다. 그러면 다시 촛불을 감춘다. 대장 기러기가 깨서 화를 낸다. 이런 일이 서너 차례 반복되면 보초 기러기가 대장한테 야단맞을까 두려워 울지 않는다. 가지고 간 자루에 자는 기러기들을 주워 담는다.

　조선의 문신 최연崔演, 1503~1546 선생이 쓴 「안노설雁奴設」에 나오는 이야기다. 만화 같아 믿기 어려운 면은 있다. 하지만 일반 사회에서도 흔히 일어날 수 있다. 다른 사람 이야기를 도무지 '경청'하지 않는다. 경청을 안 하는 게가 아니라 아예 무시한다. 경청이라는 단어가 있는지조차 모른다. CEO나 간부급이 독단적이면 그런 현상은 더 심하다. 그러면 정말 결정적인 순간이 와도 말을 안 하게 된다. 해봐야 안 들을 것이 뻔하기 때문이다. 그러면 기러기 떼처럼 엄청난 피해를 볼 수 있다.

더욱이 평소 성실한 직원한테만 일이 몰린다. 남들은 다 퇴근하는데 혼자 밤샘한다. 처음엔 상대방 의견을 무시하다 사람을 무시하는 식으로 발전하는 것이다. 그런데도 진급에서 뒤로 밀리고 명예퇴직 1순위에 오른다. 부당한 처사에 웬만해선 항의하거나 이의를 달지 않으므로 무시해도 되는 착한 아이 정도로 취급한다. 마냥 성실함이 상사나 주위 동료들에게 맛난 먹잇감이 되는 셈이다. 그렇다고 성실하지 말라고 할 수는 없다.

집단생활을 하는 미어캣은 자체적으로도 보초를 세워 경계를 서지만 높은 나무 위에서 위험을 알려주는 새가 있다. 이 새가 미어캣의 적이 나타나면 급하게 울어대고 미어캣은 모조리 땅속으로 숨어버린다. 성실하게 임무를 수행하는 이 새들이 얻는 이익은 무엇일까? 미어캣이 벌레나 작은 쥐 등을 잡아 땅 위에 모여 잔치를 벌일 때 가끔은 거짓으로 급하게 울어댄다. 평소처럼 미어캣은 땅속으로 숨는다. 그러면 이 새들이 땅으로 내려와 미어캣이 구한 먹이로 맛있게 식사한다. 자주 하면 공생 관계가 깨지므로 배고플 때만 가끔 한다. 미어캣도 새의 성실함을 믿어 의심치 않으니 공생 관계가 유지된다.

'면후심흑面厚心黑'이란 말이 있다. "얼굴은 두껍게, 마음은 검게 가지라."라는 말이다. 개인의 이익이나 욕심을 위해 너무 자주 쓰면 한없이 나쁘다. 하지만 '가끔은 필요하다'라는 쪽이라면 권할 만하다. '도선불여악 徒善不如惡, 마냥 착한 것은 악한 이보다 못하다.'이라는 말도 있다. 그러므로 조직에서 미어캣을 보호하는 새가 될 필요도 있다. 성실한 자기만 손해라며 불평만 하지 말고 가끔은 자기주장도 하고 이익도 챙기라는 소리다. 동료는 물론이고 간부나 CEO와의 공생 관계를 오랫동안 유지하기 위해서도 꼭 필요하다.

수학으로도 가르친다

인성교육은 국어와 영어처럼 '인성'이라는 과목이 별도로 있는 것은 아니다. 전 국민이 인성교육 중시 정책을 지지하고 따른다면 모든 교육에 자연히 인성이 포함된다. 그리고 가정교육의 핵심이 된다. 학교에서도 생각하며 토론하는 교육방식이 주를 이룬다.

수학 시간에 도형을 가르치면서도 할 수 있다. 종래 방식이라면 "기본 모양에는 세모, 네모, 원이 있다."라고 문제와 답을 동시에 가르치고 외우게 한다. 하지만 "모양에는 어떤 것이 있을까?" 하고 질문을 던져 학생들이 생각하고 답을 하게 하면 인성교육이 된다. 정답이 없으므로 학생들의 생각은 날개를 달고 온 세상을 자유롭게 날아다닌다.

덧셈, 뺄셈으로도 가능하다. 1+1=2다. 5−3도 답은 2다. 이런 식으로 교사가 일방적으로 10문제를 내고 학생들이 답을 쓰게 한다면 이는 입시 위주의 교육이다. 하지만 각자 문제를 내고 답을 써보라고 하면 학생들은 생각하며 문제를 낼 것이다. 1개만 낸 학생이 있을 수 있고, 3개나 10개를 낸 학생도 있을 수 있다. 교사는 문제와 답을 내며 생각한 사실에 중점을 두어 학생들을 평가하고 칭찬한다. 모두가 만점이고 1등이다. 똑같은 문제가 없듯이 모두의 생각이 각각 다르다. 다양한 자기 생각이 쌓여서 인성이 되는 것이다.

대신에 각자 지닌 생각을 일일이 확인하고 생각이 뒤떨어지는 학생은 시간을 두고 천천히 지도하는 방식이 되다 보니 전체적인 학습 진도는 느리다. 인성을 중시하지 않거나 낯선 교사라면 굳이 이런 식으로 가르치려 하지 않을 것이다. 정해진 교재가 별도로 없어 학부모나 교사가 직접 연구해서 상황에 맞게 만들어야 하는 점 또한 어렵다. 생각하는 학생들의 다양한 질문에 대처하기도 어려울 수 있다. 하지만 교육기관, 교사, 학부모, 학생 모두 힘을 합치면 얼마든지 이런 어려움은 넘길 수 있다.

다음의 시인 조소정의 「세상은 말이야」라는 시를 인성교육 교재로 사용할 수도 있겠다.

"둥그런 어항에 사는 물고기 / 세상은 둥그레 / 네모난 수조에 사는 물고기 / 세상은 네모야 / 강에 사는 물고기 / 세상은 길고 길~고 길어 / 바다에 사는 물고기 / 세상은 깊고도 넓지"

옹고집 녹이기

"옛날 초나라 무사가 배를 타고 강을 건너다 칼을 강물에 빠뜨렸다. 얼른 단도를 꺼내 배의 난간에 표시했다. 배가 건너편 나루에 도착하자 표시해둔 배 밑으로 뛰어들었다." 잘 알려진 '각주구검刻舟求劍' 이야기다. 표시된 배 밑에 칼이 없음은 어린아이도 잘 안다. 강 가운데 떨어진 칼도 물살에 밀려 멀리 떠내려갔거나 이미 모래 속에 묻혔을 수 있다. 이 무사의 생각과 행위가 미련하기 짝이 없다. 도저히 성립할 수 없다. 그런데 '각주구검'이란 말이 버젓이 지금까지 전해져 내려오는 것은, 아직도 이 말을 새겨들어야 할 사람이 너무나 많다는 소리다.

중국 전국시대에 제자백가諸子百家의 사상가들이 당시 위정자들을 설득하기 위해 이런 비유적인 얘기를 많이 만들었다. 변화에 대응하지 못하면 웃음거리가 되거나 도태될 수 있음을 말한다. 무사가 급한 김에 단도를 꺼내 떨어뜨린 자리에 표시할 수 있다. 실수로 칼을 떨어뜨린 자신을 용서할 수 없어 뭐라도 하려다 보니 갑자기 그럴 수 있다. 너무 당황해서 그랬을 수도 있다. 당황한 기분이 나루에 도착할 때까지 유지되다 흥분한 상태에서 강으로 뛰어들었다.

현대 조직에도 이런 사람이 있다. 남들은 찬성하는데 자기만 반대한다. 남들은 다 반대하는데 자기만 찬성한다. 구성비가 미미하다고 해서 절대 무시할 수는 없다. 만일, 가족 중에 하나만 섞여 있어도 불행이다. 화합과 소통이 무척 어렵다. 간혹 가다 이런 사람이 출세하고 잘 될 수도 있다. 그래 봐야 무슨 소용이 있나? 개인의 만족일 뿐, 주위의 행복과는 별 상관이 없다.

돈을 많이 번 주인이 이런 식으로 옹고집이라면 밑에서 일하는 사람의 고통은 말할 수 없다. 표시한 자기는 슬쩍 빠지고 직원더러 직접 강에 뛰어들라고 하기도 한다. 아무리 배 밑에 칼이 없다고 갖은 예를 다 들어가며 설명해도 소용이 없다. "사슴을 말이라고 하는指鹿爲馬, 지록위마" 사람보다 더 답답하다. 아무리 설득해도 안 된다. 그냥 안 듣는 정도가 아니다. 오히려 자기가 답답하다고 하므로 더 할 말이 없어진다. 현실에 지옥이 있다면 이런 사람과 매일 봐야 하는 환경에 어쩔 수 없이 소속되어 있을 때다. 정말로 수많은 사람을 불행하게 하고 조직을 와해시킨다. 그 사람이 보기 싫어서 안 나간다고 하면 아무리 강력한 조직도 하루아침에 무너질 것이다.

인성이 이런 돌들을 잘게 부수고 녹인다. 본인이 자발적으로 나서서 학습하면 더욱 빨리 벗어난다.

제4장

극복의 노래

고생 끝에 고생 온다?

요즘 젊은이들에게 "고생 끝에 낙이 온다."라고 말하면 비웃는다. 오히려 "고생 끝에 골병든다."라며 반발심만 돋운다. 틀린 말은 아니다. "나는 할 수 있다."라는 말도 괜히 무리한다면서 "되면 한다."라고 한다.

현실적으로 이렇게 뒤바뀐 말이 젊은이들에게 더 수긍이 가는 시대다. 오히려 대부분이 이쪽으로 완전히 돌아섰다고 해도 맞는다. 그만큼 사회적으로 젊은이들에게 확실하게 희망을 주는 일이 별로 없다는 소리다. 흙수저 얘기도 같은 맥락이다. 태어날 때 흙수저를 물고 나온 대로 사회에서도 별 변화 없이 그대로 고생하며 살 수밖에 없다는 생각이다. 그러니 늙어서 골병들지 말고 젊어 쓸데없는 고생은 안 하는 편이 낫다는 결론이다. 그러면서 "예전이나 개천에서 용 났지, 지금은 불가능하다."라고 말한다. 이 말 속에 진실이 숨어 있다. 바꿔보면 "예전에는 극심한 고생을 한 사람이 많았다. 그래서 그 아픔을 떨치고 개천에서 하늘로 오르는 용이 났지만, 지금은 그렇게까지 고생한 사람이 없어 불가능하다."가 된다. 무슨 뜻인가?

202

요즈음 젊은이들은 아무리 어렵다고 해도 밥은 굶지 않는다. 비나 눈을 맞으며 산 넘고 물 건너 학교에 가지 않는다. 학비가 없어 학교를 그만두는 예도 드물다. 젊은이들 말을 부정하려는 의도는 아니다. 물론 전혀 없다고 할 수는 없다. 다만, 우리나라의 비약적인 경제 발전으로 개인의 경제 사정도 나아졌지만 복지 정책이 예전보다 몇 배나 좋아졌다. 국가의 교육 예산은 어느 분야보다 많다. 기업이나 종교단체의 사회봉사 활동도 누구나 확연히 느낄 정도로 너무 잘 되어 있다. 최악의 극한 상황을 일부러 겪고 싶어도 안 되는 사회 환경이다. 국가나 사회의 복지 혜택을 일부러 피하면 모르지만 말이다. 예전 사람들이라고 좋아서 고생한 것은 아니다. 어쩔 수 없으니 했다. "굶기를 밥 먹듯이 했다."라고도 한다. 이걸 일부러 할 수는 없다. 그런 지독한 고생을 이겨 내고 강해져 일가一家를 이룬 분이 많다. 그래서 "개천에서 용 났다."라는 소리를 들었다.

　　극한의 어려움을 이겨내며 얻는 것이 삶의 지혜요, 지혜가 쌓여 인성이 된다. 인성은 성공으로 가는 길의 충실한 안내자다. 실제로 성공한 사람 치고 고생 안 한 사람은 없다. 세계에서 가장 성공한 사람을 많이 배출한 민족이 유대인이다. 이들만큼 죽도록 고생한 민족도 없다. 수많은 역사적인 학대와 학살은 제쳐두더라도, 독일의 나치에 의해 600여만 명의 생명이 의도적으로 희생된 하나만으로도 충분히 설명된다. 이러한 극도의 고생을 넘어선 고통이 그들을 세계에서 가장 강하면서도 지혜로운 민족으로 만들었다.

　　예전처럼 극심한 고생을 겪으며 지혜가 생기고 인성을 형성할 기회가 전혀 주어지지 않는 것이 다행인지 불행인지 판단하기는 어렵다. 그렇다고 복지 정책의 혜택이 넘치도록 풍족하여 모두에게 금수저의 환경까지

만들어 주지는 못한다. 다행도 아니고 불행도 아니다. 이도 저도 아닌 어정쩡한 상태다. 더욱이 학교에서는 별도의 인성교육이 제대로 시행되지 않는다. 변화를 일으킬 요소가 없다 보니 대부분이 타고난 대로 산다. 미꾸라지가 용이 되는 원천源泉이 완전히 봉쇄되었다.

그러므로 고생이나 어려움이 닥치면 행운으로 알고 일부러라도 피하지 말아야 한다. 그러면 얼마든지 개천에서 용이 나올 수 있다. 용이 되기 싫으면 고생을 적극적으로 피하면 된다.

고통과 불행이 성공의 씨앗

나훈아羅勳兒는 작곡가 사무실에서 허드렛일을 하다 가수가 되었다. 연습생 출신 프로야구 선수 장종훈은 빙그레 이글스 4번 타자가 되었다. 제92회 아카데미에서 4관왕에 오른 '기생충'의 봉준호 감독은 2003년 '살인의 추억'이 히트할 때까지 먹고 살기 어려워 친구가 쌀을 대줬다. 이들 모두 고생 끝에 꿈을 이루었다. "꿈에는 유효기간이 없다."라는 말이 맞는다.

김규나 작가는 "폭풍우와 안개, 눈 때문에 힘들 때가 있을 거야. 그럴 때면 자네보다 먼저 그 일을 겪은 사람들을 떠올리게. 그리고 생각하는 거지. 그들이 이겨 냈다면 나도 이겨 낼 수 있을 거야."라는 구절을 칼럼(《조선일보》, '세상에 나만 겪는 고통은 없다', 2020.1.1)에서 소개한다. 불시착으로 여러 번 생사 위기에 놓였던 생텍쥐페리Saint Exupery, 1900~?가 친구인 앙리 기요메의 조언을 떠올리며 『인간의 대지』에서 쓴 글이라고 한다.

권투 영화 '밀리언 달러 베이비'에 나오는 말이다. "굶주린 배와 빈 주머니, 그리고 상처 입은 가슴은 가장 값진 인생 교훈을 가르쳐 주는 스승이다." 칼 마르크스Karl Heinrich Marx, 1818~1883는 "역사는 되풀이된다. 한 번은 비극으로 더 한 번은 희극으로"라고 했다. 실망만 하고 있을 필요 없이 도전하고 또 도전해야 한다.

전쟁을 실감할 수 있는 영화가 있다. 전쟁은 매 순간 생과 사가 갈린다. 이에 비하면 일반적인 고생은 사치다. 샘 멘더스Sam Mendes 감독의 '1917'은 전쟁 영화인데 전쟁의 비참함이나 고통, 슬픔 등을 전혀 강조하지 않는다. 무덤덤하게 속도감 있게 비극의 현장을 지나치므로 진짜 전쟁터에 와 있는 느낌을 준다. 살아 있다는 자체가 축복이다.

코로나와 전쟁을 치르고 있는 전 세계인에게 테니스 세계 랭킹 1위인 노박 조코비치Novak Djokovic가 말한다. "총탄 자국 숭숭한 고향과 가족을 생각하면 한 포인트도 허투루 해선 안 됐죠. 그런 절박함이 제 심장을 키웠습니다. '난 바닥에서 올라온 사람이야. 어디 한번 덤벼봐'가 되는 거죠." 코로나를 향해 '어디 덤벼봐' 하며 도전하는 것도 이기는 방법이다.

덴마크는 세계에서 가장 행복 지수가 높은 나라다. 1973년 이후 매년 그 타이틀을 차지해 왔으니 놀랍기만 하다. 그런데 그들의 동화는 오히려 비극으로 끝나는 예가 많다. "신데렐라만 꿈꾸다 세상에 나와 실망하면 불행해진다. 작품에서라도 사전에 비극을 알고 경험하게 해야 실생활이 행복하다."라는 생각에서다.

영국의 소설가 올더스 헉슬리Aldous Huxley, 1894~1963는 그가 쓴 소설 『멋진 신세계』에서 "인간에겐 고통받을 권리가 있다."라고 말한다. 편하게 지낼 권리도 있지만, 고통도 인간의 권리라는 것이다. 도스토옙스키 Dostoevskii, 1821~1881가 대작을 쓸 수 있었던 것은 빚 때문이었고, 발자크 Honore de Balzac, 1799~1850 역시 도박 빚에 쫓겨 작품을 썼다. 빚에 쪼들리는 슬픔, 비굴함 등을 동반한 고통은 비교하기 어렵다. 고통과 불행이 성공의 씨앗이다.

혼자가 덜 외롭다

현대인은 너무 바빠 외로울 새가 없다. 간여하거나 관심 있는 분야가 너무 많아서다. 그렇지 않으면 먹고사는 데 지장이 있을 수도 있다. 경영을 맡은 사업체가 잘 되면 바쁘다. 여러 단체를 맡아도 그렇다. 퇴근 후 아르바이트를 한다면 더 바쁘다. 연극이나 음악회, 뮤지컬 등에 관심이 많아 지방 공연까지 쫓아다니는 사람도 있다. 종교나 봉사활동에 많은 시간을 할애하기도 한다. 이런 분들에게는 정말로 외로울 시간이 없다고 할 것이다.

수시로 스마트폰의 알람이 울린다. 전달 사항이 도착했다는 소리다. 어느 분은 SNS 보고 답장을 하는 것으로도 하루가 모자란다고 한다. 시간을 부리는 것이 아니라 지배를 받는다. 불행은 남과 교류가 없는 외로움에서 올 수 있으니 요즘 현대인은 모두 행복하다고도 할 수 있다.

하지만 사랑하는 가족이나 연인, 친구가 갑자기 세상을 떠난다. 아무것도 아닌 친구 말에 상처를 입는다. 몸이 아파 병원에 오랫동안 누워 있게도 된다. 직장에서 진급을 못 하고 따돌림당한다. 믿었던 사람이 배신한다. 잘 되던 사업이 어느 날 갑자기 부도가 난다. 이제 혼자 된 느낌이 들면서 극도의 외로움에 빠져든다. 심해지면 우울증이 될 수 있고 생명을 끊는 자살 행위로까지 이어질 수 있다. 나만 당하는 일처럼 생각되어 외로움이 더욱 깊어진다. 이는 사전 연습이 전혀 없어서다. 그러나 이런 일은 예전부터 항상 우리 주위에 일상적으로 있었다. 갑자기 나한테만 닥친 일은 아니다. 바쁘다는 핑계로 마음에 담아 두지 않고 그냥 지나쳤을 뿐이다. 이 세상에 나에게 적대적인 사람이나 제도 등은 수없이 많다. 그렇다고 일일이 불만을 터뜨릴 수는 없다.

그렇다면 우리는 평상시에 안 외로운 척, 바쁜 척하며 가면을 쓰고 살아온 것은 아닐까? "럭비로 다친 팔은 럭비로 고쳐라."라는 말이 있다. 외로움은 외로움으로 고쳐야 한다는 말도 된다. 평상시에 바쁘게 하던 일을 잠시 멈추고 외로워져야 한다. '외로움 연습'이다. 자주 시도해서 숙달되면 금방 내면 깊숙이 들어가 자신과 대화를 나눌 수 있게 된다. 그러면서 진정한 자신을 만들어 간다. 그러다 밖으로 나오면 온 세상이 "너 어디 갔다가 이제 왔니?" 하며 반갑게 맞는다. 이젠 전처럼 바쁘지 않아도 자신이 온전히 서 있을 수 있음을 안다. 이젠 시간을 부릴 줄을 안다. 진정으로 외로움에서 벗어난다.

외롭지 않게 되는데, 어려운 철학이나 생각이 필요한 것은 아니다. 아침에 "오늘 만나는 모든 사람을 칭찬해야겠다."라고 생각만 해도 된다. 바로 인성이다. 대신 '매일, 수시로, 평생' 하면 좋다.

돈 잘 버는 간단한 방법

필자에 관한 비난성 말 중 두말하지 않고 인정하는 게 하나 있다. 돈을 제대로 벌어본 적이 없다는 사실이다. 돈 버는 일 앞에서 머뭇거리고 적극적이지 못하다. 그래서 기회를 놓치거나 포기한다. 청빈해 보일 수 있다. 하지만 인성 면으로 볼 때는 빵점이고 위선이다.

모든 어머니는 현명하고 위대하다. 어머니 품은 한없이 넓으며 포근하다. 그 속에서 어떤 짓을 해도 받아주고 안아 주신다. 그러니 어머니 말씀을 안 듣는 사람은 없다. 어머니 말씀은 항상 "착하게 살면 먹고사는 데 지장은 없다."와 "건강하면 먹고사는 데 지장은 없다."이다. 보통 우리 어머님들의 이 말씀이 정말로 무섭다. 무리한 돈 욕심으로 사업에 크게 실패하거나 범죄에 연루되지 않은 점은 한없이 고마울 수 있다. 하지만 가정을 꾸리고 나서도 돈을 많이 벌 필요가 없다는 생각이 굳어 있다. 적당히 있으면 된다는 생각이다. 하지만 돈은 적당히 있다면 '모자라다'와 같다. 돈에 관해 적당한 생각과 행동으로 사회생활을 하고 가정 살림을 꾸려가기는 어렵다.

"세 살 버릇이 여든까지 간다."라는 말을 실감한다. 어려서 들은 이야기가 버릇이 되어 성인이 되어도 나타난다. 정말로 생존과 직접 관계가 있다. 물론 타고 나는 성품을 어느 정도 무시하지는 못한다. 주위에 필자와 같이 돈에 문외한인 사람이 의외로 많다. 돈에 관한 교육을 한 번도 받아본 적이 없어서 더욱 그럴 것이다. 그리고 사회에 진출한다. 그런데 사회에 나오자마자 돈은 절실하게 필요하다. 더욱이 직장에서는 직원들에게 매일 돈을 벌어 오라(?)고 다그친다.

갑자기 부모가 돌아가시면서 많은 재산을 물려받는다. 그중에서 재산을 지킨 사람보다 허무하게 없앤 사람이 더 많다. 이보다 큰 비극은 없다. 그들에게 "재산을 잘 관리하지 그랬나?"라는 말은 무리하게 들린다. 어려서부터 돈을 받아쓰기만 했지 벌어보지는 못했다. 돈 관리는 배운 적도 들어보지도 못했지만, 더욱이 한두 번의 충고로 이루어질 사안도 결코 아니다.

세계에서 가장 높은 수준의 교육을 받는 우리 국민이 돈으로 인한 스트레스가 여간 아니다. 이보다 모순된 교육이 또 있을까 싶다. 살아가려면 숨 쉬는 공기 이상으로 돈이 필요한데 돈 버는 방법, 돈 쓰는 방법을 가르치는 곳이 없다. 가정에서 안 하면 학교에서라도 해야 한다. 둘 다 안 하면 사회에서라도 해야 하고. 그런데 어디에서도 하는 곳이 없다. 모두 책임을 회피한다. 교육자나 종교 지도자들은 돈은 범죄의 온상이요 더럽다고 피한다.

인성교육은 진로 교육이자 돈 버는 방법의 교육이다. 그리고 간단하다. "착하게 살면 돈 벌기가 쉽다."나 "건강해야 돈을 많이 벌 수 있다."라고 가르치면 된다. 그런데 쉬운 것 같아도 입에서 '돈'이란 말이 선뜻 나오지 않는다. 학부모나 교육자들이 먼저 인성을 학습하고 훈련해야 한다.

스트레스를 넘어서는 한 방법

요즘은 누가 좀 아프다고 하면 "스트레스가 원인이야."라고 모든 사람이 명의名醫나 된 듯이 얘기한다. 실제로 스트레스가 현대병 원인의 90%라고도 한다.

젊은이들이 처음 사회로 나가면 층층의 상사로 인한 스트레스가 보통이 아니다. 연공서열이나 위계질서가 존중받는 사회에서는 어쩔 수 없다며 속으로 삭인다. 그래도 완벽하게 삭일 수 없어 담배나 술에 의존하기도 한다. 이런 탓으로 우리나라 40대 젊은이들에게 고혈압이나 당뇨 등 성인병이 다른 나라에 비해 비정상적으로 많이 나타난다. 세계 최상위로 국가 장래에 적신호다.

젊어서부터 스트레스에 대항하는 습관을 훈련해야 한다. 하지만 대부분이 젊었을 때는 그 필요성을 별로 느끼지 않는다. 한 젊은이한테 스트레스 해소 훈련을 권해보니 안 해도 견딜 만하다는 대답이다. 실제로도 젊어서 어느 정도는 이겨 낸다. 하지만 최근 한 신문에 보도된 내용을 보면, 젊었을 때 스트레스로 인한 마음의 상처가 나이 들어서 나타난다고 한다. 젊음으로 이겨 낸 것 같지만 완전히 없어진 것이 아니라 잠시 뒤로 숨었을 뿐이다. 특히, 치매에 영향을 준다고 하니 유의해야 한다.

여러 가지 중에 군사훈련식으로 하는 사전事前 훈련 방법을 권한다. A 부장한테 가장 많은 스트레스를 받는 B가 타 부서로 옮길 형편이 아니다. 그렇다면 A 부장과 안 좋은 상황을 미리 가상하고 두 가지로 대처한다. '오늘 A 부장이 가정에서 무슨 일이 있었거나, 출근하자 위 상사한테 한마디 들어 기분이 별로 안 좋은 모양이다.'라며 대수롭지 않게 생각한다. 두 번째는 '나한테 진짜 잘못이 있어 내가 잘되라고 부모님이나 형님 같은 심정으로 얘기하니 잘 들어야 하겠다.'라며 진지한 태도로 듣는다. 물론 실제 상황이 닥치면 잘 안 된다. 그러니 평소에 가상으로 연습해 두어야 한다. 훈련을 안 했을 때보다는 단 1%라도 스트레스를 덜 받는다. 훈련이 거듭될수록 스트레스 피폭량이 대폭 줄어든다. 확연한 차이는 섭섭함이나 억울함의 앙금이 별로 쌓이지 않는다는 점이다. 훈련이 안 되어 있거나 덜된 사람은 상당히 오래 간다. 몇 달이 지나고 몇 년이 갈 수도 있다. 잘못하면 마음속 창이 되어 자기가 자기를 찔러 오히려 상처를 받는다.

자신의 건강과 발전에도 도움이 되지만 A 부장과 친해질 수도 있다. A 부장으로서는 자기가 뭔가 지적할 때 부하 직원들의 기분 안 좋은 표정이 스트레스다. 그런데 B만은 자기 얘기를 진지하게 듣고 반성하는 표정이니 저녁에 따로 불러 술이라도 한잔 사주고 싶다. 이것이 인간 심리다. 그러면 다음 진급에 추천받는 일도 별 노력 없이 이루어진다.

인성 학습과 훈련의 목적은 하나에서 열까지 '성과와 실리'다. 이를 위해서 하는 거라는 걸 명심하자. 스트레스 해소 외에 다른 문제나 상황도 이런 식으로 미리 훈련하면 훨씬 도움이 된다.

세계 1위 쉽게 되기

"안 되면 되게 하라."는 대한민국 특전사特戰司의 구호다. 실생활에서도 "없으면 있게 하라."라는 식으로 경쟁 없는 사회를 만들 수는 없을까? 인성으로 가능하다.

유대인의 관습 중에 "남이 하면 나는 안 한다."가 있다. 이웃이 아무리 장사가 잘돼도 따라 하지 않는다. 장사 잘되는 품목을 알아도 취급하지 않는다. 않는다기보다 나만의 방법으로 가게를 운영하고 나만의 제품을 취급한다. 시작부터 끝까지 남과 달리하니 경쟁 상대가 없다.

이 소리 듣고 참으로 한심하다고 하는 사람이 있겠다. 누가 이걸 모르느냐? 나도 안다. 나도 그렇게 하고 싶다. 하지만 당장 먹고살기 어려워 무얼 할지 모른다면 남들이 잘되는 장사를 따라 하는 방법 외에 무엇이 있겠느냐고 할 것이다. 옆집은 손님이 줄을 서서 기다릴 정도로 장사가 잘되고 나는 안 될 때 따라 하지 않을 수 없다. 틀린 말이 아니다. 나라도 그렇게 할 것이다.

하지만 유대인도 시작 단계나 중간에 이런 어려운 사정에 맞닥뜨리기는 우리와 다르지 않다. 다만 그들은 남을 따라 하지 않는 것이 몸에 배어서 억지로 하라고 해도 안 할 뿐이다. 싫은 것은 억만금을 주어도 싫다. 그렇다고 따라 하지 않는 이들이 생각만큼 경제적으로 어려워지지는 않는다. 각자 특징이 있어 이를 좋아하는 손님은 반드시 있게 마련이다. 처음 시작은 미약하지만 독특함으로 전국적으로나 전 세계적으로 유명해지고 퍼져나갈 가능성은 오히려 이쪽이 더 높다.

우리는 어려서부터 모범 답안을 그대로 외워서 시험 잘 보는 학생이 인정받는다. 하지만 세상에 존재하는 문제와 답은 셀 수 없이 많다. 그러니 아무리 새벽부터 밤늦게까지 쫓아다니며 외워도 공부한 티가 나지 않는다. 내일이면 또 외워야 할 것이 산더미처럼 쌓여 기다리고 있기 때문이다. 항상 시간이 모자란다. 이 과정이 매일 연속된다. 몸과 마음 모두 지칠 대로 지친다. 사회에 나와서도 먼저 나온 사람 중에 누가 잘 된다면 그게 모범 답안이니 따라 하는 외의 방법을 모른다.

대신에 자기 나름 개발하는 방법은 노력과 시간이 좀 걸리지만 나 하나밖에 없다. 그러므로 학창 시절부터 우리처럼 급하지 않다. 운동도 하고 취미 생활도 하면서 사회에 나갈 준비를 여유 있게 한다. 사회에 진출해서도 생활이 즐겁다. 자기만의 생각과 아이디어로 성공하지만 그렇지 않고 조금 부족하더라도 만족한다. 스스로 만든 만족이 진정한 행복이다.

"남이 하면 나는 안 한다."라는 유대인의 말을 알고만 있어 봐야 별 소용이 없다. 그것이 학습과 훈련을 통해 인성이 되어야 한다. 그러면 경쟁이 없어지며, 세계 1위가 그리 멀지 않다.

군대는 성공의 인큐베이터

대개 군대는 스무 살 전후에 가게 된다. 그런데 필자의 아들은 나이가 벌써 마흔을 넘어섰다. 요즈음 간다면 다음과 같이 얘기해 주겠다.

군대 가는 아들에게.

아들아! 처음으로 오랫동안 집을 떠나 있으려니 불안한 마음이 안 들 수 없겠다. 빨리 군대 문제부터 해결하는 것이 마음도 편하고 공부, 취업 등 모든 면에서 유리하다며 너 스스로 결정한 점은 참으로 대견하다.

아버지가 군대 생활을 할 때 고생을 많이 했다고 생각했는데 선배들 얘기를 들어보면 이런 고생은 호강이라고까지 말한다. 요즈음 군인들 얘기를 들어보면 어떨까? 현재 자기들보다 고생하는 대한민국 군인은 없다고 할 것이다. 집 떠나는 것이 고생이다.

기왕에 고생하는 거 한 가지만 부탁하마. 인생을 살아가는 데 두 가지 무기가 필요하다. 하나는 스펙이고 하나는 인성이다. 그런데 우리나라는 암기와 입시 위주의 교육으로 인해 학교에서 인성교육보다 스펙 교육을 중시한다. 따라서 스펙은 과잉이라고 할 정도로 차고 넘친다. 그러므로 인성교육을 제대로 시행하는 곳도 교육을 받은 학생도 별로 없다.

반면에 유대인은 "학교 교육보다 인성교육을 먼저"라는 교육 정책을 오랫동안 시행해 왔다. 장단점을 따지기 전에 유대인이 노벨상, 세계의 부(富) 차지 등의 성과 면에서 우리보다 몇 배 이상 앞서감은 부정할 수 없다. 더욱이 기업에서 취업 시즌이면 "스펙보다 인성"이라며 인재를 찾는다. 우리는 유대인에 비해 한참이나 뒤처진 상태에서 출발하거나 한 손이 묶인 채 나머지 한 손만 갖고 사회생활을 시작하는 셈이다. 그런데도 심각하게 생각하지 않는다. 주위를 둘러보아도 모두 똑같으니 그렇다.

경영은 사람이다. 어떤 사람인가? 인성을 갖춘 사람을 말한다. 인성은 대인관계를 원활하게 만드는 능력이다. 이 원활한 대인관계가 기업의 목표를 달성하게 하고 문제를 해결한다. 어렵게 생각할 필요 없다. 이론적으로는 너무 쉬우나 반복 학습과 훈련으로 자기 것으로 만들기가 어려울 뿐이다. 그런데 군대가 이 어려움을 해결할 수 있는 최적의 조건을 갖추고 있다.

남의 이야기를 잘 들어주면 상대방의 마음을 얻는다고 하였다. 리더십의 기본이다. 그러나 너도 경험해 봤겠지만, 이것이 말처럼 쉽지 않다. 그러므로 군대에서 이것 하나만 완전히 습관이 되고 몸에 밴 인성이 되어 제대해도 수백억 원의 가치가 있다고 해도 좋다. 삼성그룹의 이병철 회장이 자손에게 '경청'이라는 휘호를 내렸다고 한 데서도 경청의 가치를 짐작하게 한다. '경영은 곧 경청'이라는 말도 될 것이다.

남의 얘기를 들어줄 때 얼굴에 미소를 짓고, 얘기 중간에 칭찬까지 해준다면 이보다 이상적인 리더십은 없다. '경청', '미소', '칭찬' 이 세 가지가 융합된 인성을 만들어 나오면 취업이 아니라 스카우트된다. 인성을 갖춘 사람이 별로 없어 같이 일해보자고 하는 사람이 줄을 선다. 군대 생활도 한없이 즐거워진다.

아침에 경청이라는 말로 기상하고 종일 경청이라는 말을 마음속에 담고 지내다 경청이라는 말로 잠자리에 든다. 이것이 기본 훈련법이다. 주어진 임무를 제쳐 놓고 하라는 말은 아니다. 틈새 시간만 이용해도 하루에 3~5시간 이상은 얼마든지 반복 훈련할 수 있다. 여기에 미소와 칭찬을 가미하면 된다.

현재 군대만큼 효율적으로 인성을 형성시킬 수 있는 곳은 없다. 수도원 같으니 말이다. 대신에 군대 안 가는 친구들은 인성 훈련을 몇십 배 더 강도 높게 시행해야 할 것이다. 부디 친구들이 부러워할 정도의 인성을 만들어 제대하기를 바란다. 인성이 운명을 가른다.

건강하게 잘 다녀와라.

아버지가.

트로트 잘 부르는 비법

트로트 기세가 대단하다. '송가인'은 '진도'의 딸이 되었고, '임영웅'은 '영웅'이 되었다. 어느 주부는 TV를 잘 보지 않는데 트로트 경연 프로그램에 빠져 자정 넘어까지 본다고 한다. 이 정도로 인성에 전 국민의 관심이 있으면 얼마나 좋을까? 그래도 인성 학습에 도움 되는 이야기가 하나 있어 소개한다.

오래전에 가수 지망생을 우연히 알고 지낸 적이 있다. 그 친구가 한 말 중에 트로트에 관한 이야기가 유난히 기억난다. 트로트 곡 '사랑만은 않겠어요'는 가수 윤수일이 불러서 유명해진 노래로, 윤수일도 덩달아 유명해졌다. 이 노래에 "이제 와서 후회해도 소용없는 일이지만"이라는 가사 구절이 있다. 여기서 '이제 와서'가 핵심이다. '이제 와서'는 '인제 와서'가 표준말이다. 이 노래가 나온 당시1977에는 혹시 표준말이었을지 몰라도, 멋을 부리려고 일부러 비틀었을 것이다. 다음 얘기가 원래 하고 싶은 말이다.

'이제 와서'를 부를 때 노래 선생님이 '이제 와스어'라고 부르라고 하더란다. '서'와 '스어'는 발음상으로 비슷한 것 같아도 노래 맛은 전혀 다르다. 실제로 부르면 정말 분위기가 달라진다. 한번 해보시라. 노래를 못 부르는 사람이라도 이렇게 부르면 우선 50점은 따고 들어간다고 노래 선생님이 말씀하셨다고 하는데 진짜다. 트로트의 진수를 느낀다.

여기에 인성과 같은 점이 있다. '서'를 '스어'로 발음하는 데 특별한 어려움은 없다. 박자나 음정 맞추는 식의 재주도 필요하지 않다. 힘이 들거나 엄청난 연습과 노력이 있어야 하는 것이 아니다. 더욱이 비싼 돈이 드는 것도, 자격증이 있어야 하는 것도 아니다. 그저 하나의 요령이다. 하지만 요령을 사용했을 때와 사용하지 않았을 때의 결과나 성과는 전혀 다르다.

인성도 '배려', '존중', '경청' 등을 시행하는데 특별한 재주나 학력, 특기는 필요치 않다. 하지만 시행했을 때와 안 했을 때는 조금 과장되게 말해서 하늘과 땅 차이다. 국제경쟁에 내몰리는 기업 현장에서의 시행이라면 과장이라고 하기는 어렵다. 조그만 차이가 최종 승부를 가를 수 있다. 미국에서 열린 세계 자동차 전시장에서다. 두 군데서 기자회견이 열렸다. 한쪽의 벤츠 회사 사장은 요리사 차림으로 등장하여 록밴드와 함께 노래를 불렀다. 또 한쪽의 우리나라 자동차 회사 대표는 신사복 차림에 격식대로 미리 적은 발표문을 읽어 내려갔다. 벤츠 사장은 '이제 와서'를 '이제 와스어'로 멋지게 부른 셈이고, 우리나라 대표는 '이제 와서'를 노래가 아니라 '인제 와서'로 그냥 책 읽듯이 읽은 셈이다.

'사랑만은 않겠어요'의 가사 '이제 와서'를 '이제 와스어'라고 부르면서 인성의 참맛을 느끼고 경험해보자. 경험을 살려 계속해서 다른 과제를 학습하고 훈련하자. 전혀 다른 성과가 쏟아짐을 즐기자.

책이 오히려 훼방꾼

돈 버는 방법에 관심 없는 사람은 없다. 그래서 돈 버는 방법이나 비결 등의 책 제목에 "강추"라는 추천서와 함께 나온 종류가 엄청나게 많다. 하지만 이는 오히려 책과 돈 벌기가 별로 관계없다는 증거이기도 하다.

책 내용이 부실하거나 틀려서 돈을 벌지 못하는 것은 아니다. 그런데도 계속해서 비슷한 관련 책이 나오는 이유는 단 한 가지다. 일반적인 독자는 '이번 책으로는 잘 안 되었지만, 다음 책을 읽으면 분명 돈을 벌 수 있을 것 같다.'라고 막연히 생각한다. 그러니 돈 버는 방법에 관한 책이 나오면 또 구매하게 된다. 물론, 책을 안 보는 사람보다는 조금이라도 나은 것만은 틀림없다. 하지만 이런 낭비성 독서와 돈은 크게 관계가 없다.

세계에서 돈을 가장 잘 번다는 유대인에게 '돈 잘 버는 방법'에 관한 책은 별도로 없다. 인성교육 교재로 불리는 『탈무드』한 가지만 있을 뿐이다. 『탈무드』안에 돈 버는 방법이 다 들어 있다는 소리다. 유대인 대부분이 장사해서 먹고살고 돈을 번다. 책에 쓰인 장사를 잘하는 방법이나 기술이 돈을 벌어주는 것이 아니라 '성품'이 돈을 벌어준다. 성품이 먼저인

220

데 일반적으로는 방법과 기술에 우선 매달리다 보니 큰 성과가 없다.

살아가는 데 있어서 인성의 역할과 비중은 성공한 사람들에 의해 수없이 증명되었다. 그러므로 인성 한 가지만 제대로 수련해도 성공하고 돈을 번다. 그렇다고 책을 읽지 말라는 소리가 아니다. 다만, 계속해서 다른 책을 사서 읽을 것이 아니라 한 권의 책이라도 보고 또 보며 내용을 몸속에 새겨 넣으라는 것이다. 그래서 유대인처럼 책 내용이 자연스럽게 행동이 되도록 해야 한다.

최근에 인터넷에서 읽은 돈 버는 비결이다. "돈 냄새를 맡아라. 돈이 생기면 꽉 움켜쥐어라. 돈에 휘둘리지 말고 갖고 놀아라. 남들이 안 가는 길을 가라." 김주영金周榮의 장편 소설 『객주』에서 조선 최대의 거상이자 육의전 대행수인 신석주가 주인공 천가 객주의 후계자 천봉삼에게 하는 말이다. 이 말이 어려운가? 이론적으로 이해 못 할 부분이 있는가? 그렇다면 누구나 이 글을 읽고 돈을 무진장 많이 벌어야 한다. 나아가 전 국민이 돈 문제에서 완전히 해방되어야 한다. 하지만 이 글이 명문名文은 될지언정 일반인을 부자로 만드는 데는 별 영향을 끼치지 못한다.

유대인에게 별다른 방법이나 비결이 따로 없음은 이미 얘기했다. 돈은 유용한 도구이니 많이 가지고 있으면 좋다는 정도만 가르친다. 돈을 벌수 있는 기초 체력인 인성만 길러 준다. 성장하면서 자연히 돈 냄새도 맡을 줄 알게 된다. 그래서 돈을 잘 번다.

우리는 돈을 벌기 위해서 어떤 준비가 필요한지에 대해 어려서부터 배운 것이 전혀 없다. 이런 상태에서 사회에 나와 갑자기 돈이 필요하다며 돈 버는 비결에 관한 책을 읽는다. 이론적으로 이해 못 하지는 않겠지만, 돈은 절대 책의 이론대로 움직이지 않는다. 책이 자칫 훼방꾼이 될 수도 있음이다.

프루스트 효과처럼

이어령李御寧, 1934~2022 교수의 『한국인 이야기』를 읽다가 눈에 확 띈 단어가 보였다. 인성과 관련이 있다는 생각에 반갑기까지 하다. 바로 '프루스트 효과Proust Effect'로, "특정한 향기에 자극받아 과거의 기억이 되살아나는 현상"을 말한다. 마르셀 프루스트Marcel Proust, 1871~1922는 홍차에 적신 마들렌을 먹다가 어린 시절의 기억이 일깨워지며 대작인 『잃어버린 시간을 찾아서』를 썼다고 한다.

'인성이란 무엇인가?'의 이해를 돕기 위해 자주 예를 들었던 "하늘 천天"이야기(☞ 142p~143p 참조)와 상통하는 점이 있다. 보이는 것 외의 향기인 생각이 반복되고 모이면 인성이 된다. 우리가 중시하는 암기와 입시 위주의 교육은 생각하는 교육과 반대다. 꽃과 열매는 화려한데 무릇 '마들렌' 향기가 없다.

어린아이는 항상 말하고 움직인다. 부산하다는 소리를 들을 수 있지만 건강하다는 증거다. 가만히 있으면 오히려 건강에 문제가 있거나 어디가 아픈 것이다. 어린아이들은 대부분 소꿉놀이를 한다. 놀이를 위해 각자

222

역을 나눠 맡는다. 아빠, 엄마가 되기도 하고 갓난아기나 유치원 선생님 역을 맡는 아이도 있다. 특별히 가르치지 않았는 데도 모두 자기가 맡은 역을 잘 해낸다. 말과 행동을 머리로 생각하며 역에 맞게 창조한다. 너무 재미있어 온종일 반복해도 싫증 내지 않는다.

그런데 우리의 교육은 아이를 병나게 한다. 온종일 뛰어놀던 아이를 어느 날부터 갑자기 책상 앞 의자에 꽁꽁 묶어 놓고 수준이 지나치게 높은 지식을 마구잡이식으로 주입한다. 그래야 학교, 교사, 학생 모두 잘한다거나 우수하다고 평가받는다. 아이들이 소꿉장난처럼 자유롭게 창조해서 생각하고 말하고 행동할 공간과 시간이 없다. 수업 시간에 질문했다가는 칭찬보다 된통 혼난다. 아이들의 몸과 마음 모두 생기를 잃는다. 시간이 지나면서 더욱더 입을 다물게 되고 행동도 하지 않는다. 그러다 사회에 나오면 이번에는 반대로 다른 사람과의 소통을 위해 적극적으로 말하고 행동하라고 촉구한다. 고정관념이나 형식적인 생각과 말은 필요 없다며 제발 "괴짜"가 되라고도 한다. 당황할 수밖에 없다. 움츠러들었던 유치원 때의 본성을 다시 불러와야 하지만 그동안 20년 이상의 세월이 흘러 머리와 입과 몸이 다 굳어버렸다. 비례해서 사회적응 능력도 떨어진다.

어디를 가도 사람은 넘친다. 그런데 기업에서는 쓸만한 인재가 없다고 아우성이다. 경제력은 세계 10위권인데 어떻게 많은 경제 외적인 분야는 중하위권이나 세계 꼴찌까지 추락하는가? 어려서부터 잘 길러진 창조적인 생각과 행동을 중간에 가로막은 것이 모두 병폐가 되어 돌아온 것이다.

학교나 가정에서 10개의 지식 전달에 앞서 단 1개라도 '하늘 천'처럼 단어와 내용을 소개하고 아이들의 무한한 상상력에 맡겨보자. '하늘 놀이'라는 전혀 없던 놀이를 만들어 놓고 있는 아이들을 볼 수 있을지도 모른다.

'빈 지갑'이 가장 큰 고통

『탈무드』에는 인간에게 고통을 주는 것이 세 가지가 있다고 한다. '다툼', '두통', '빈 지갑'이 그것이다. 그중에서 '빈 지갑'이 가장 큰 고통을 준다고 했다. 새롭거나 대단한 내용은 아니다. 누구나 다 절감한다. 처음 들었더라도 그렇겠다고 금방 수긍한다. 다만, 우리네 부모가 자녀에게 절대 이야기해 주지 않는 과제 중 하나라는 점이 유대인과 다르다. 그런데 어느 교사가 교실에서 이에 관한 내용을 학생들에게 교육했다면 이는 보통 사건이 아니다. 말 그대로 벌집을 마구 쑤신 격이 될 것이다. 벌집도 그냥 벌집이 아니고 잘못 쏘이면 생명까지 위험한 말벌집이다.

"영어, 수학을 하는 데도 시간이 모자라는데 왜 귀중한 수업 시간에 엉뚱한 내용을 가르치느냐?"가 그 시작이다. 이 외에도 "빈 지갑은 부모인 우리가 채울 테니 괜한 걱정하지 말고 공부나 열심히 가르치시라." 등 헤아릴 수 없는 부모님들의 빗발치는 공격이 있을 것이다. 교장 선생님을 비롯한 동료 교사들도 "가만있으면 중간인데 왜 나서서 문제를 만드느냐?"라며 각종 핀잔을 준다. '빈 지갑 이야기'를 꺼낸 선생님은 사면초가

四面楚歌로 완전 초토화된다. 성희롱 범죄보다 더한 수모다. 진짜 무엇을 잘못했다는 말인가?

유대인은 평생 반복해서 가르치는 내용이다. 영어, 수학보다 몇 배나 더 중시한다. 영어, 수학을 중시하는 우리가 보면 참으로 미련하고 모자란 민족이다. 암기와 입시 위주의 교육이 잘못되었음을 모르는 국민은 없다. 인성교육의 중요함도 전 국민이 다 안다. 다 알고 있는 데도 개선되지 않는다. 그렇다면 유대인이 보기에 우리가 반대로 미련하고 모자란 민족으로 보일 것이다. 그들이 묻는다.

"세계에서 가장 좋은 머리와 손재주를 지닌 한국인이 왜 우리보다 쉽게 성공하지 못하고, 세계 최강의 국가를 만들지도 못하는가? 우리는 국토가 좁고 반이 사막이며 물도 없고 특별한 자원도 없다. 주위에는 우리보다 인구도 많고 땅덩어리가 큰 아랍 강대국들이 둘러싸고 있어 언제 우리를 침범해 올지 모르는 상황이다. 국방비도 막대하게 든다. 이런 여건에 비해 한국은 얼마나 발전하기가 좋은 나라인가? 축복받은 나라다." 이 소리를 듣고 우리나라 부모님이 말한다. "축복이고 뭐고 저리 비켜요! 당신 얘기 듣다 우리 애 과외 늦겠어요!"라고.

자녀에게 세상에서 가장 고통을 주는 것이 '빈 지갑'이란 사실보다 더 시급히 가르칠 내용이 과연 있을까? 홍역을 예방하기 위해 누구나 홍역 예방 주사를 맞는다. 인성은 이처럼 자녀가 돈으로 겪을 수 있는 고통을 예방하는 백신 주사다. 어린 자녀의 지갑에 돈 대신 인성을 채워주어야 한다. 물고기가 아니라 물고기 잡는 법을 물려주어야 한다. 그래야 자녀가 성장하여 '빈 지갑' 때문에 고통받지 않게 된다.

덜 가르칠수록 우수하다?

미국의 초등학생들은 등교하자마자 운동장 한쪽에 가방을 내려놓고 마음껏 뛰어노는 거로 일과를 시작한다. 중·고등학교도 대부분 비슷하다. 여고생들이 운동장에서 축구를 하는 광경은 아주 흔한 일이다. 체육관에서 농구를 하면서 땀을 흘리는 건 이들의 일상이다. 아이들은 스포츠를 통해 자연스럽게 협동하는 법을 배우고 페어플레이의 중요성을 익힌다. 한편으로, 우리 부모님들의 지상 과제는 오직 자녀 시험 성적 한 가지다. 그러다 보니 항상 자녀의 능력과 상관없이 몇 배의 과제를 끌어다 무리하게 공부를 시킨다. 가정 경제에 문제가 있을 정도의 고액 과외도 마다하지 않는다. 왜 그러느냐고 물으면 모두 자식을 위해서라고 한다.

어느 학원 원장님 이야기다. 이분은 다른 학원과 달리 학원생의 인성 상담을 많이 한다. 그래서 지역 부모들로부터 상당히 인기가 높다. 그런데 자신의 자녀는 순간적으로 놓쳤다. 아들이 중학교에서 꽤 공부를 잘하여 과학고 진학을 준비했다. 이 과정이 보통 어려운 게 아니다. 고등학교 과정은 물론이고, 대학교 과정까지도 선행 학습한다. 오직 과학고를 가기 위해 잠자는 시간까지 아껴 가며 공부에 투자한다. 이는 공부가 아니라 고문이다.

이런 힘든 과정을 견뎌 내고 원하던 과학고에 합격했다. 보통 기쁜 일이 아니다. 하지만 기쁨도 잠시…. 중학교에서 1등이라도 전국 수재들이 모인 과학고에 들어가서는 꼴찌가 될 수 있다. 누군가는 꼴찌를 해야 한다. 이 원장님 아들이 여기에 해당하였다. 감수성이 예민한 아이가 충격과 스트레스로 몸이 바늘로 찔리는 듯한 고통을 계속 느꼈다고 한다.

그러던 어느 비 오는 날 밤에 아들이 없어졌다. 웬만한 데는 다 알아봤지만 찾을 길이 없어 그냥 밤을 새우며 초조하게 날이 밝기를 기다렸다. 아들이 새벽녘에 들어왔다. 비로 온통 몸이 젖어 있었고 손에는 축구공이 들려 있었다. 비를 맞으며 밤새 학교 운동장에서 공을 차다 왔다고 했다. 얼굴을 보니 비와 눈물이 범벅되어 있었다. 이 원장님은 아무 말 없이 아들을 품에 껴안고 한참을 같이 울었다고 한다. 그리고 곧바로 일반 학교로 옮겼다. 이후부터 아들한테 특별한 욕심을 부리지 않기로 했다. 최근 아들과 함께 자전거 타기를 시작했다고 한다. 같이 웃으며 찍은 사진을 봤는데 한없이 행복한 표정이다. 인성에 관심이 많은 분도 일반적인 교육 관행에서 벗어나기가 어려움을 이 사례가 잘 보여준다. 그래도 이분은 다행히 중간에 과감히 진로를 바꾸는 결정을 하였다.

교육 선진국 핀란드의 교육 신조는 "덜 가르칠수록 우수하다."이다. 우리와는 반대다. 선행학습 등으로 미리 많이 가르치지도 배우지도 않는다. 문제를 잘 풀고 답을 잘 맞히고를 상관하지 않는다. 더욱이 성적 순위나 우수함의 기준 자료로 이용하지 않는다. 초등학교는 아예 시험이 없다. 중등학교에 가면 단지 장래 진로를 결정하기 위한 참고 자료로 시험을 본다. 그러니 참고서도 없다. 교사는 그저 문제를 스스로 생각하고 해결하는 능력을 키우도록 옆에서 도와줄 뿐이다. 모든 교과 과정이 이런 식이다. 여기서 어려움을 참고 이겨내며 해결하는 능력인 인성이 형성된다. 시간이 지나 정체성, 독립심 등의 인성이 형성된 상태에서 어느 날부터 제대로 된 공부를 하기 시작한다. 공부는 스스로 할 때가 가장 효율이 높은 것이다.

우리보다 훨씬 덜 가르치는 데도 핀란드 학생은 OECD 국가를 상대로 하는 국제학업성취도평가PISA에서 평균 1위다. 세계의 모든 교육자가 이들의 교육제도를 배우기 위해 핀란드를 찾는다. 우리나라의 교육 관계자가 가장 많이 방문하는 곳도 핀란드다. 교육부 인터넷 사이트에서 인성교육 자료를 찾아보면 관련 교육학 교수들의 핀란드 교육 현장 방문기가 대부분이다.

하지만 무슨 일이든지 남의 장점을 그대로 모방하기가 말처럼 쉽지만은 않다. 핀란드 교육을 참고해 우리식의 방법을 찾아야 한다. 부모님들이 입시 위주의 교육에서 보였던 열정을 일부라도 인성교육에서 보인다면 절대 어렵지 않다. 자녀가 나아갈 길이 너무 쉽게 보일 것이다. 국제적인 인재로 키우는 일도 별로 어렵지 않다. 바로 "덜 가르치면 된다."

☞ "덜 가르칠수록 우수하다" 유튜브
(https://youtu.be/9XdwTvILwbE) 14:47

우리 아이, 창창한 앞날 만들기

자녀 성적에 관심 없는 부모는 없다. 조금만 소홀하면 여지없이 떨어지지만, 열심히 한다고 해서 금방 오르지 않는 것이 성적이다. 그러다 보니 부모님들 사이에 자녀 성적이나 이를 바탕으로 한 장래 이야기가 많이 나온다. 공부를 아주 뛰어나게 잘하면 그래도 진로가 쉽게 정해진다. 하지만 어중간하거나 중위권 밑이라면 고민은 깊어질 수밖에 없다. 어떻게 하는 것이 가장 좋은지 정답은 없어 선택하기가 아주 어렵다.

학교 성적이 조금 부진해도 인생의 전부는 아니라며 자녀를 다그치지 않는 부모가 있다. 자녀가 독립적으로 성장하며 나름대로 길을 간다. 특수 분야를 전공하거나 개척하는 사례도 많다. 사회적으로도 자기 분야에서 꽤 성공한다. 풍족함을 떠나 만족도가 아주 높다. 자기 삶에 관해 기회 있을 때마다 부모님에게 한없는 고마움을 표시한다. 자녀를 바라보는 부모도 잘 키웠다는 자부심을 느낀다.

그러나 이렇게만 되지는 않는다. 부모가 적극적으로 참견하지 않다 보니 시험 성적이 부진하여 대학에 못 간 자녀가 있다. 세월이 지나면서 자신이 낙오자라는 생각이 든다. 왜 그때 매를 들어서라도 자기를 강제로 공부를 시키지 않았느냐고 부모를 원망한다. 그래서 대부분 가정은 대학 입시에 전 가족이 매달린다. 이 외의 방법은 모르거나 없어서다.

네덜란드를 방문한 우리나라 기자의 글을 읽은 적이 있다. 2층 창문 밖으로 긴 장대가 나와 있다. 끝에는 학생용 가방이 매달려 있다. 우리나라의 예전 풍습에는 어려서 오줌을 싸면 키를 머리에 쓴 채 이웃집에 가서 소금을 얻어 와야 했다. 이처럼 그 집에 사는 학생이 낙제 점수라도 받아 벌 받는 표시로 가방을 밖에 걸어두었는가 하는 궁금증이 일어 주위 사람들에게 물어봤다. 그런데 오히려 축하할 일이 생겼다고 모두 웃었다. 이 집 아이가 중학교를 졸업하기 전에 장래를 결정했다는 표시라고 했다고 한다. 이를 이웃에 자랑스럽게 알리며 장래에 자녀가 잘 되기를 기원하는 풍습이라고 한다.

자녀의 장래 결정은 어렵게 생각하면 한없이 어렵다. 하지만 간단하게 생각하면 한없이 간단하다. 초등학교와 중학교 과정을 거치며 자녀를 관찰한다. 그래서 자녀와 학교의 담임선생님이나 진로 상담 선생님과 부모가 모여 실업고등학교로 가는지 일반 고등학교로 가는지를 정하면 된다. 그런데 우리는 이런 과정이 없다. 전혀 준비가 없다가 중학교를 졸업할 때쯤 사무적으로 정한다. 학생 자신의 결정이라면 그래도 낫다. 단순히 성적을 기준으로 실업고등학교를 선택한다면, 그 학생의 장래 성공률은 떨어질 수밖에 없다.

이제 결단을 하여야 한다. 초등학교 때부터 인성교육으로 독립심과 정체성을 길러 주는 것이 이상적인 해결책이다. 스스로 진로를 결정하게 만드는 것이다. 자기의 취미나 특기를 살린 실업고등학교를 가도 성공할 것이고, 공부를 택한 자녀는 부모의 참견 없이도 잘해 나갈 것이다. 이보다 더 자녀를 쉽게 성공시키는 방법은 없다.

성공을 더욱 확실하게 하는 방법이 있다. 과학적 근거가 있는 것은 아니고 순전히 개인 경험에 의한 의견이다. 책을 내기 전 교정을 자주 본다. 어떨 때는 하루에 몇 번씩도 보게 된다. 그런데 처음 볼 때보다 두 번째나 세 번째가 훨씬 읽기 쉽고 재미가 있다. 내 책이라 자기만족 때문에 그런 착각을 하는 것이 아닌가 싶어서 출판사 직원한테 알아보니 역시 자기들도 그렇다는 대답이다.

맞는다. 아무리 좋은 친구라도 처음 소개받았을 때는 서먹서먹하다. 그런데 자주 만나다 보면 장점은 더욱 좋아 보이고 나중에는 단점까지도 좋게 보인다. 그래서 친척도 자주 만나지 않으면 남보다 못하다는 말이 있다. 필자의 이번 책을 기본적으로 세 번 정도는 읽을 것을 권한다. 그러면 책 내용이 처음보다 훨씬 재미있어지며 인성과 상당히 친해져 기본적인 성공 가도에 올라서는 셈이 된다. 물론 『탈무드』처럼 평생 반복해서 읽는다면 더할 나위가 없다.

후츠파와 인성교육

요즈음 '후츠파Chutzpah'란 단어가 언론이나 교육자들 사이에 많이 거론된다. 전 미래창조과학부 윤종록 차관은 그의 책『후츠파로 일어서라』(멀티캠퍼스하우, 2016)에서 '후츠파'를 다음과 같이 얘기한다. "히브리어로 뻔뻔함, 당돌함, 도전적인 생각을 뜻하는 단어로, 이스라엘의 대표적인 국민성이라고 할 수 있다."

이스라엘이 오늘날 최첨단 과학 기술 국가가 된 근본 원인이라고까지 한다. 뻔뻔함과 최첨단 과학 기술이 도대체 무슨 관계란 말인가? 이를 쉽게 확인해 볼 수 있는 곳이 각급 회의장이다. 여기에는 기업이나 정부, 군대 모두가 해당한다.

먼저 우리나라의 회의장 모습을 살펴보자. 대개 윗사람이나 중간 간부의 전용 강의실로 불린다. 아랫사람이 말할 틈은 전혀 없고, 질문도 받지 않으며 그냥 앉아서 상사의 얘기만 듣다가 나온다. 좋은 생각이나 아이디어가 있어도 말할 기회가 없다. 기업이나 단체의 직원 불만 순위 1위인데도 관습이 되어 개선될 기미가 보이지 않는다.

반면에 '후츠파'로 무장한 이스라엘의 회의장은 우리와 정반대다. 말 그대로 회의다. 다만, 좀 과격한 분위기라서 회의장이라기보다 시끄러운 장터 같다. 말하는 순서가 정해진 게 없어 아무나 먼저 말할 수 있다. 지위의 고하도 없다. 큰소리가 나도 누가 나서서 말리지 않는다. 한 기업의 회의장에서 신입사원이 사장을 상대로 격렬하게 토론하는 것을 직접 봤다고 한다. 회의가 끝난 후 사장에게 기분 나쁘지 않았냐고 물었다. "솔직히 기분은 나쁘다. 하지만 그 신입사원 의견이 옳은데 어떻게 하느냐. 그 사원 의견대로 일을 추진하게 되었다."라고 대답하더란다.

군대에서도 마찬가지다. 회의장에 늦게 도착한 장성將星이 자리가 없어 구석에 쭈그리고 앉아 있다가 중간에 사병들에게 커피를 타다 주는 모습을 보았다고 한다. 토론에 열중하느라 이를 눈여겨보는 참석자도 없다. 이 장성도 겉으로는 기분 나쁠지 모르지만, 속으로는 좋아 죽는다는 표현이 맞을 것이다. 격렬한 토론 끝에 기발한 아이디어나 정책이 나오기 때문이다. 그러면 최고 상사인 자신의 실적도 자연히 오르게 된다. 만일 우리 식으로 예의를 한껏 차리고 한두 사람이 조용히 말하는 것으로 끝난다면 이들은 더 불안할 것이다. 성과를 기대할 수 없어서다.

하지만 우리나라에서 '후츠파 방식'을 받아들여 회의를 열 윗사람이 과연 얼마나 될까? 아마 1%도 안 될 것이다. 또한, 하고 싶어도 못 한다. 인성교육이 생활화된 유대인만이 가능하다. 후츠파를 진정으로 이해하지 못하면 크게 오해를 하거나 싸움판이 될 수 있는 요지가 많아서다.

어려서부터 토론을 하며 성장한 유대인은 크고 작은 성과를 얻기도 하고 실패도 한다. 영광스러운 성과도 얻지만, 마음의 상처도 입는다. 이런 경험이 쌓여 인성이 된다. 이 인성이 상대방의 격렬한 비난이나 공격을 좋은 쪽으로 생각하고 받아들이게 한다. 그리고 자신도 그러한 공격을 한다. 상대방을 깎아내리고 내가 올라서기 위해서가 아니다. 분란을 일으키려는 목적은 더더욱 아니다. 목표는 오직 하나다. 조직의 더 큰 '실리와 성과'를 위해서다. 이 점을 상호 간에 충분히 이해한다. 목표가 확실하다 보니 중간에 생길 수 있는 오해를 얼마든지 불식시킨다.

그러므로 무엇보다 인성교육이 먼저 시행되어야 한다. 그런데 우리는 무슨 사안이든지 좋다고 판단하면 항상 눈에 보이는 것부터 빠르게 모방하거나 받아들여 시작한다. 뿌리가 튼튼하지 않으면 시간이 지나도 별 수확을 기대할 수 없다. 끝내는 열정도 식고 흐지부지되고 만다. 후츠파 정신과 토론 방식에 관한 책도 많이 출판되고 이를 직접 가르치며 시행하는 곳도 많이 생겼다. 좋은 일이다. 하지만 기본이 되는 인성교육을 학습하고 훈련하지 않은 상태라면 절대 효율적이지 못하다. 우물가에서 숭늉 찾는 식으로 급하면 안 된다. 여유를 가져야 한다.

인성은 모든 생각이나 행동의 기본이다. 인성교육 없이 후츠파는 물론이지만 어떤 종류의 목표나 성과를 이룰 수 없다. 기본 체력 없는 스포츠선수가 결코 성공할 수 없는 것과 같다.

수도하는 마음으로…

수도원은 수녀나 수사가 공동생활을 하면서 수련하는 집이다. 그런데 일부러 수도원에 들어가는 사람들이 있다. 천주교의 피정避靜이나, 절에 서 시행하는 템플스테이Temple Stay가 그것이다.

템플스테이의 경우 물론 스님처럼 완전히 속세와 인연을 끊는 것은 아 니다. 일시적이다. 첫째, 핸드폰은 무조건 반납이다. 처음에는 누구나 급 한 연락이 오는 데가 없나 해서 조바심이 난다. 전화를 건 상대방도 평소 처럼 통화가 되질 않으니 무슨 일이 있나 걱정한다. 하지만 여기저기 알 아보면 해결되므로 큰일은 없다. 대개 5일이나 일주일 정도 머무르다 나 오면 얻는 것이 많다. 휴식도 겸하므로 심신에 모두 좋을 것이다. 하지만 이렇게 시간 내기가 쉽지 않다. 그러니 일상에서 방법을 찾아야 한다.

코로나 사태로 모든 국민의 활동 반경이 줄어들었다. 위험 수위가 높 아지면서 직장 외에 급히 병원에 가거나 식료품을 사러 가는 등의 특별한 일이 아니면 될 수 있는 대로 집에 머물러 있으라고도 한다. 템플스테이 가 아니라 재택근무까지 겹쳐 저절로 홈스테이가 되었다. 점차 시간이 길어진다. 누가 강제했다기보다 자신이나 공동체를 위해 그렇게 할 수밖에 없다. 언제 끝날지도 모른다. 시간은 한번 가면 돌아오지 않는다. 홈스테이를 좋은 기회로 만들어야 한다.

생각, 행동, 습관이 모여 성품이 되며, 성품이 우리의 운명을 가른다. 인성이 성공의 밑거름이다. 하지만 인성은 아직도 대중적이지 않다. 더욱이 익히는 방법도 잘 모른다. 설혹, 안다고 해도 능숙하지 않다. 능숙하지 않으니 시도하기가 어렵다. 코로나로 집에 있는 시간이 많아진 이번 기회를 적극적으로 활용하자. 집을 수도원절이라고 생각한다. 수도원 생활은 재미로 하는 게 아니다. 마찬가지로 수도하는 마음으로 인성을 몇 배 이상 강도를 높여 학습하고 훈련하자.

코로나 사태로 어려운 스포츠 선수들에게도 인성의 수도원 학습법을 권한다. 자기 관리는 물론이고, 나중의 실제 경기에 더욱 충실해질 수 있다. 장래 코치나 감독직을 맡을 때도 도움이 될 것이다. 가상의 수도원집에 머물며 인성과 코로나, 두 마리 토끼를 한꺼번에 잡자.

제5장
· · · · · · · · · ·

희망의 노래

노블오블(?)의 일상화가 필요하다

'노블레스 오블리주Noblesse Oblige'는 사전에서 "사회적 지위명예에 상응하는 도덕적 의무"라고 풀이한다. 우리에게 상당히 많이 부족한 면이다. 특히, 전쟁과 같은 국난을 맞아서는 기득권층의 솔선수범이 필요하다는 데서 더욱 강조된다. 유럽의 귀족은 전쟁이 나면 자신이 직접 참전하거나 자녀를 전선으로 보낸다. 그것이 가문의 영광이다. 우리는 예전부터 애꿎은 백성만 앞장세우고 양반이나 선비는 뒤로 빠졌다.

요즈음 국내 현황은 전쟁 난국에 버금간다. 언론에 보도되는 내용만 보더라도 제대로 잘 굴러가는 분야가 거의 없다. 모두 문제투성이인데 정치권에서는 해결책을 내거나 해결하기보다 문제를 더욱 부추긴다. 꼭 해결되어야 할 분야도 언제 해결될지 기약이 없다. 정치만을 두고 하는 말이 아니다. 사회의 모든 상황이 하나에서 열까지 모두 그렇다. 이유가 많겠지만 대부분이 어려서부터의 인성교육 부재에서 비롯된다. 인성은 현명하게 살아가는 방법이니, 모두 현명하지 않다는 소리다. 아집만 있고 지혜가 없다.

2015년에 우리나라는 세계 최초로 '인성교육진흥법'을 제정·공표하였다. 그러나 전 국민의 인성을 법 하나로 바꾸기는 한참이나 역부족이다. 더욱이 솔선하여 시행할 사람은 모두 인성교육과 반대 개념인 입시와 암기 위주 교육으로 기득권층이 되었다. 이들은 현재 별문제나 불편 없이 잘 먹고 잘 지낸다. 군이 인성교육 중시 정책으로 바꾸자며 힘들게 노력할 필요를 전혀 느끼지 않는다.

유대인은 "허리를 숙이지 않으면 동전을 주울 수 없다."라고 가르친다. 인성교육의 대표적 구절이다. 하지만 기득권층은 남에게 허리를 숙일 필요가 없는 사람들이다. 그러니 대중이 쉽게 성공할 방법인 인성과 인성교육이 이들에게는 절실하지 않다. 더 큰 문제가 있다. 바라보는 서민들은 이런 기득권층의 생각이나 처신을 부러워한다. 그래서 그들의 생각이 정통이나 표준 사고방식으로 자리 잡게 된다. 인성과 인성교육의 관점도 비슷해진다. 기득권층을 따라 인성 학습과 훈련의 필요성을 느끼지 못하고 도전할 생각도 하지 않는다. 오히려 암기와 입시 위주의 교육 대열에 끼어 성공하지 못한 자신의 처지를 한탄한다. 유대인이 인성교육 중시로 노벨상 수상자를 많이 배출했다는 예를 들며 인성교육을 권해본다. 하지만 소위 "너나 많이 하세요."라는 답이 돌아오기 쉬운 사회 환경이다.

새로운 생각은 항상 비웃음을 당한다고 하니 어쩔 수 없기는 하다. 하지만 언제까지 이럴 수는 없다. 그래서 인성과 인성교육에 관해 기득권층이 솔선수범하는 '노블레스 오블리주'가 꼭 필요하다. 목숨을 걸고 전쟁에 참여하거나 엄청난 재산을 내놓는 일도 아니다. 현재의 혼란 상황은 전쟁 못지않다. 이의 해결을 위해 "물고기를 주지 말고 물고기 잡는 법을 물려주라."는 인성교육에 관심을 가져달라는 것이다. 그래야 전 국민이 따라 한다.

다행스럽게 기득권층이 된 많은 분이 장학 재단을 만들어 어려운 학생들의 등록금이나 생활비를 보조해준다. 고마운 일이다. 대신에 유감스럽게도 인성교육 재단을 만들거나 인성교육 기관에 기부하는 분은 별로 없다. 장학 재단은 우선 공부를 잘하거나 시험 성적이 뛰어난 학생이 대상이다. 그러나 학생 때 공부 좀 못했다고 일반적으로 장래에 사회공헌도가 떨어진다고 단정할 수는 없다. 오히려 더 많은 인재가 나올 수도 있다. 이들에 관한 관심이나 교육이 전무하다. 사회적으로 얼마나 인성이나 인성교육의 이해도가 부족한가를 잘 말해 준다.

　유대인은 수입의 십 분의 일을 인성교육 기관에 기부한다. 유대인의 사고방식은 합리적·과학적·실용적이다. 백만 원이면 한 사람에게 주는 장학금으로 풍족하지 못하다. 하지만 인성교육에 투자한다면 일인당 만 원정도로 백 사람에게 혜택을 줄 수 있다. 그러면서 성공 범위는 넓어지고 성공률은 높아진다. 물고기는 아무리 많이 주어도 모자란다. 대신에 물고기 잡는 법을 가르치면 평생 스스로 해결한다. 어떤 것이 합리적·과학적·실용적인가?

　인성교육 기관을 만들거나 기관을 찾아 기부해야 한다. 관심만 가져도 효과는 크다. 따라서 생활의 만족도나 행복의 크기가 몇 배나 커진다. 국가와 민족이 달라진다. 모든 성과가 부메랑이 되어 나한테 되돌아온다. 이보다 상호 이익이 되는 '노블레스 오블리주'는 없다. 소위 "노블오블하자"라는 말과 행동이 기득권층의 일상이 되어야 한다.

　'노블오블하자'라는 말을 만들어 본 것은 부담 없이 재미있으라고 했다. 말 그대로 재미있게 관심 가져주면 된다. 나아가 인성과 인성교육이 정착될 때까지만이라도 기득권층의 일상이 되면 좋겠다.

240

누구나 찾는 인재, 쉽게 되기

인재의 중요성은 두말할 필요가 없다. 역사적으로 성군聖君이라 불리는 왕에 관한 기록 중에서 인재 등용에 힘썼다는 이야기가 빠지지 않는다. 인재란 일반적으로 "남보다 뛰어난 사람"을 말한다. 이런 인재가 평범한 왕을 성군으로 만든다. 백성들도 혜택을 입으니 좋다. 백성이 느끼는 태평성대太平聖代란 왕과 신하가 모두 인재일 때다.

하지만 과거로 갈수록 인재가 귀할 수밖에 없다. 교육의 보편화가 이루어지기 전이었으니 그렇다. 인재가 될 기질을 타고났어도 좋은 스승을 만나 교육을 받아야 비로소 꽃을 피워 인재가 된다. 인재가 되어도 기회를 만나지 못하면 초야草野에 묻혀 일생을 마칠 수도 있다. 물론, 일부러 속세를 피해 은둔하는 사람도 있다.

요즈음은 어떤가? 의무적으로 학교에 다녀야 한다. 국가나 사회에서 교육에 많은 뒷받침을 해준다. 그러므로 인재가 넘친다. 교통과 통신이 발달하여 내가 인재임을 홍보할 수 있고 인터넷에서 인재를 뽑는 기관이나 기업도 쉽게 알 수 있다. 그런데 기업이나 기관의 인사 담당자들은 오히려 쓸 만한 사람이 없다고 호소한다. 인재가 차고 넘치는데 무슨 말인가? 안타깝게도 '인성을 지닌 인재'가 없다는 뜻이다.

사회는 조직이다. 모든 조직원이 백짓장 한 장도 맞들듯이 힘을 합칠 때 성과가 크게 나타난다. 인성이 부족한 사람은 다른 사람과의 협력 관계에 서투르다. 그렇다면 아무리 머리가 좋고 학식이나 기술이 좋고 해도 혼자서 다 할 수 없으니 성과를 내기 어렵다. 반드시 힘을 합쳐 성과를 내야 하는 현대 조직에서 인재로 인정받지 못한다.

인성교육을 받지 못해 이러한 일이 어려울 수도 있다. 하지만 조금만 관심을 지니면 조직에서 인재가 되는 방법은 별로 어렵지 않다. 유대인의 『탈무드』에 나오는 구절인 "허리를 숙이지 않으면 동전을 주울 수 없다."를 적극적으로 실천하면 된다. 여기서 말하는 동전은 '성과', '실리', '목표' 등을 말한다. 허리만 숙이면 이 모든 것을 얻을 수 있으니 그 방법도 쉽다. 안 해 봐서 그렇지 당장 실천해보라. 못 이룰 목표가 없다. 가정에서부터 얼굴에 미소를 지으며 허리를 숙여 보자. 자녀가 시행한다면 용돈 액수가 늘어난다. 어른이라면 배우자와 자녀들한테 존경받는다. 회사나 조직에서 깜짝 스타로 부상한다. 맡은 업무도 조직원들의 화합과 도움으로 쉽게 완성한다.

다른 사람에게 밥과 술을 사주며 인기를 얻는 것은 돈이 든다. 그리고 안 하면 인기도 시들해진다. 하지만 인성을 발휘하는 방법은 돈도 들지 않으면서 오히려 반대로 내게 사겠다는 사람이 늘어난다. 진급과 CEO가 되는 지름길이다. 다른 조직에서 스카우트 제의가 줄을 잇는다. 같이 창업해 보지 않겠느냐는 제의도 덩달아 들어온다.

상인이라는 자부심

장사 잘하는 사람이 인재이자 영웅인 시대다. 직접 장사에 참여하지 않는다고 해도 장사를 이해하고 발전에 도움을 주는 역할은 해야 한다. 상인이 많은 사람에게 일자리를 제공하고 국가를 운영하는 세금을 낸다. 사회적으로 이들보다 중요하고도 필요한 인재는 없다. 그러므로 누구나 장사를 기본적으로 배워야 한다.

사무실에서 사무만 보는 사람은 장사와 관계없다고 할 수 있다. 하지만 자기 계획이나 아이디어, 기안 등을 다른 직원이나 위 상사에게 보고해서 인정받는 것도 다 장사세일즈다. 유명한 디자이너나 기술자도 자기 생각을 다른 사람에게 판매해야 세상에 나올 수 있다. 과학자나 일반 학자, 교수도 마찬가지다. 자기 이론을 세상에 전하지 못하면 사장死藏되고 만다. 예수가 역사상 가장 위대한 세일즈맨이라고 불리는 이유다.

최근에 한 책에서 읽은 사도 바울Paul에 관한 내용이다. "신약성서에 등장하는 바울은 일찍이 다소에서 초등교육을 받았다. 예루살렘의 랍비인 가말리엘 1세에게 고등 학문을 배웠지만 동시에 천막 만드는 기술과 장사하는 법도 익혔다." 우리로 치면 법관이 되려고 사법고시 공부를 하는 동시에 옷 만드는 재봉 기술과 옷 파는 장사 기법을 같이 익혔다고 할 수 있다.

우리로서는 도저히 상상되질 않는다. 강남 사는 학부모가 의사나 교수를 목표로 공부하는 자녀에게 학교가 끝나자 과외 공부나 학원 대신에 시장이나 공장에서 현장 일을 배우게 했다는 말과도 같다. 이게 말이 되는가? 하지만 장사가 생활인 유대인에게는 매우 자연스럽다. 세계 백만장자의 20%가 유대인인 이유이기도 하다. 반면에 우리는 장사를 천시하는 사농공상土農工商의 생활 관습이 조선 500년을 내려오며 좋든 싫든 우리 민족의 뼛속 깊이 스며들었다. 반反 장사 정서가 유전 인자가 되었다. 이를 변화시키기가 보통 어렵지 않다. 당연히 인재가 드물거나 없을 수밖에 없다. 이로 인한 폐해가 사회 곳곳에서 끊임없이 발생한다.

대부분이 장사가 세상을 지배한다는 식의 실용적인 쪽과 장사는 천한 직업이라는 비실용적인 쪽 간의 갈등이다. 젊은이들의 창업도 쉴새 없이 늘어나는 이즈음 겉으로 보기엔 장사가 존중받는 시대로 바뀐 것 같다. 그러므로 무슨 구닥다리 같은 소리를 하느냐고 반박할지 모른다. 하지만 아직 사회 전체적으로 비실용적인 사조가 강세인 것만은 부정할 수 없다.

가장 좋은 예가 장사로 성공한 사람 자신이 그 사실을 별로 자랑스러워하지 않는다. 오히려 뒤로 숨긴다. 현재 장사를 하고 있거나 장사로 성공했다는 사실을 주위에서 전혀 모르게 처신하는 상인도 있다. 그러면서 기회만 있으면 아들이 대기업에 다닌다든지, 교수나 박사가 되었다거나 사위가 의사나 판검사라는 사실을 주위에 자랑한다. 그러한 행동이 나쁘거나 안 좋다는 말이 아니다. 장사하는 사람조차 장사에 자부심이 없다는 사실을 말하는 것이다. 아들이나 사위는 오히려 장사로 성공한 자기를 무척이나 부러워하며 존경하고 있는데도 말이다.

상인들 모두 상인이라는 사실에 자부심을 지녀야 한다. 국민 모두 상인들에게 감사함과 존경심을 전하고 더하여 누구나 상인 정신을 지니고 있으면 넘치는 인재로 이상적인 사회가 빠르게 이루어질 수 있다. 특히, 공무원이나 정치가가 마음먹고 배우고 익혀 인성이 된다면 국가 경제는 물론이고 그 어떤 분야의 발전도 전혀 걱정할 필요가 없어진다.

기적의 일상화를 이루자

인성교육이 성과를 내려면 꼭 지켜야 할 두 가지 원칙이 있다. 첫째, 학습과 훈련이 평생 반복돼야 한다. 둘째, 전 국민의 참여로 시너지 효과를 내야 한다. 하지만 반복 훈련은 작심삼일作心三日이라는 말처럼 보통 3일을 넘기기 어렵다. 그러니 전 국민의 참여는 생각조차 할 수 없다. 둘 다 어렵다 보니 인성교육이 안 되고 성과도 잘 나타나지를 않는다.

유대인은 종교적으로나 천 년 이상 내려온 전통과 관습으로 인성의 평생 학습과 훈련이 생활화되었다. 그러므로 전 세계에서 오직 유대인만이 인성으로 상상을 초월하는 성과를 거둔다. 다른 나라 사람들은 무대 위에서 펼쳐지는 그들의 성공 축하 파티 공연을 모두 관중석에서 구경만 하고 있을 뿐이다. 어쩌다가 가끔이 아니라 매일, 밤새고 열린다. 그만큼 성공이 일상화되어 있다. 다른 민족의 처지에서 보면 부러운 나머지 "기적의 일상화"라고 부를 수밖에 없다.

그런데 우리도 유대인처럼 인성으로 대단한 성과를 거둬 무대 위에 오른 적이 있다. 바로 '새마을운동'이다. 이 운동을 바탕으로 이룬 경제 발

246

전이 엄청나, 전 세계 사람들이 모두 '한강의 기적'이라는 찬사를 보냈다. 실제로도 기적이라고 볼 수밖에 없을 정도의 대단한 경제 성장을 이루었다. 세계에서 가장 가난한 나라에서 세계 10위권의 경제 대국을 이루었으니 말이다. 어떻게 그런 성과를 거둘 수 있었을까? 짧은 기간이었지만 유대인처럼 인성이 제대로 발휘된 것 외에 그 이유를 찾아보기 어렵다. 앞서 발전을 이룬 대부분 선진국처럼 대규모의 석유나 금광이 발견된 것도 아니다. 우리만의 첨단 과학 기술이 갑자기 개발된 것도 아니다. 사람이나 땅, 기술은 그대로였다. 바뀌었다면 '새마을운동'이 있고 없고의 차이뿐이다. 물론 국가가 발전하는 데 "이것 한 가지가 원인이었다."라고 단정 짓기는 어렵다. 요인은 수없이 많다. 다만 이러한 요소들이 새마을운동이라는 창구로 한꺼번에 모이며 집중력을 발휘하여 어마어마한 성과로 재탄생한 것만은 부인할 수 없다.

새마을운동을 대표하는 구호는 4가지다. '새마을 노래'의 첫 가사는 "새벽종이 울렸네, 새 아침이 밝았네, 너도나도 일어나 새마을을 가꾸세."다. 우선 '일찍 일어나기'다. 그리고 '새마을 정신'인 '자조自助, 자립自立, 협동協同'이다. 인성은 습관의 집합체라고 하였다. 아침에 일찍 일어나기와 세 가지 습관이 인성으로 승화한 것이다. '협동' 한 가지만 전 국민의 인성이 되어도 얼마든지 유대인의 성과를 낼 수 있다. 그런데 네 가지나 되니 너무나 당연한 결과다. 더욱이 "우리도 한번 잘살아 보자."라며 가장 어렵다는 전 국민의 참여까지 끌어내 시너지 효과가 나타나게 하였다. 물론, 총칼을 든 군사정부의 위압적인 분위기가 한몫한 것만은 틀림없다.

새마을운동 이전에도 농촌 운동은 있었다. 대표적인 것이 '4H 운동'이다. 농촌 발전에 도움이 컸다고 하지만 '4H 운동' 등은 소규모 농촌 운동이었다. 새마을운동은 군사정부에 의해 강제성이 얹혔으면서 도시까지 참여한 전국적인 규모였다. 비록 강제라고 하더라도 전 국민이 새벽부터 일어나 자조·자립·협동을 하니 유대인과 같은 성과가 나타난 것이다. 일주일에 책을 한 권씩 읽고 독후감을 써내지 않으면 총으로 쏘겠다고 위협하여 세계에서 가장 책을 많이 읽는 일등 국민이 된 식이다.

이렇게 했는데 성과가 안 나타나면 정말로 이상한 일이다. 유대인의 국제적인 성과를 설명할 길도 없다. 또한, 상상을 초월하는 새마을운동의 성과가 없었다면 강제성에 대한 불만으로 대규모 폭동이라도 일어났을 것이다. 하지만 해방 이후 처음으로 보릿고개를 넘게 했다는 것 외에 수출 실적 등의 실질적인 성과로 국민 모두 강제성의 불편함을 참았다. 이후 군사정부가 물러나면서 강제성 새마을운동이 끝나고 자율적인 새마을운동으로 바뀌었다. 그러나 인성과 인성교육이 빠진 옛날로 돌아갔음을 아는 국민은 없어 보인다. 군사정부 시절이 끝나니 강제로 들었던 책을 모두 손에서 놓은 셈이다. 책을 안 읽는 것이 다시 자연스러워졌다. 독서율이 OECD 국가 중에서 꼴찌로 추락했다. 예전의 자유 시대가 도래했다.

이제 우리 스스로 우리를 위협하여 인성이라는 오랏줄로 묶어야 한다. 인성교육을 성공시키는 조건을 우리가 강제로 만들 수밖에 없다. 인성 학습과 훈련을 하지 않으면 자신이 자신에게 쏘겠다고 총을 겨눠라. 인성학습이 너무 안 되고 있으니 그렇게라도 해야 한다. 자유는 성과를 거둔 다음 누려도 늦지 않다. '제2의 새마을운동'으로 '제2의 한강의 기적'을 이루자. 그래서 유대인처럼 "기적의 일상화"를 이루자.

독서로 돈 벌기

과학자이면서 다독가多讀家로 알려진 한 교수가 한해 동안 바빠서 책을 한 권도 못 읽었다고 칼럼에서 고백한다. 놀랍기도 하고 실망도 크다. 정작 나 자신도 많이 읽는 편은 아니어서 뭐라고 말할 자격은 없다.

미국과 일본 국민은 1년에 평균 20~30권 정도의 책을 읽는다고 한다. 우리는 어느 한 통계 자료에서는 2~3권이라고도 하고, 또 다른 자료에서는 9~10권이라고도 한다. 세계 10위권의 경제 대국이라는 이름에 비하면 독서율은 매우 저조하다.

이유는 여러 가지다. 우선 입시 위주 교육으로 책 읽을 시간이 별로 없다. 어려서의 독서 습관이 성인이 되어서도 이어진다. 이 외에 생활 방식이 비실용주의여서 책을 멀리하게 된다. 서양은 극단적인 개인주의라고까지 표현되지만, '실리와 성과'를 중시하는 사고방식인 '실용주의'가 대세다. 그런데 아이디어로 성과와 실리를 창출하는 것보다 실용주의를 최고로 만족하고 충족시킬 방법은 없다. 거의 무에서 유를 창조하는 셈이기 때문이다. 하지만 개인의 아이디어가 샘솟듯이 무한정일 수는 없다. 이에 관한 대비책이 독서다. 그래서 그들은 책을 많이 읽는다. 돈을 벌기 위해, 실리를 얻기 위해 책을 읽는 것이다. 스티브 잡스Steve Jobs, 1955~2011는 "애플은 인문학에서 시작되었다."라고 하였다. 인문학의 시작이 바로 독서다.

서양 사람들이 자주 가는 관광지 사진을 보면 바닷가의 선베드에 누워 책을 읽는 남녀의 사진을 쉽게 볼 수 있다. 인도네시아 발리를 방문했던 국내의 한 신문기자가 서양 사람이 실제로 해변에서 책을 읽는 사진과 함께 그들의 독서열을 부러워하는 기사를 실었다. 그러자 한 독자가 반박하는 글을 올렸다. 관광지에까지 가서 꼭 책을 읽어야 하느냐, 그냥 편히 쉬다 오면 안 되느냐는 얘기였다. 우리가 서양 사람들의 생활 습관이자 책 읽는 습관을 뭐라 할 수는 없다. 자격 또한 없다. 더욱이 아이디어를 얻고 돈을 버는 데 때와 장소를 구분할 필요도 없을 것이다.

우리도 책을 읽어서 아이디어를 얻을 수 있다. 그러나 비실용주의 사회에서는 아이디어를 잘 알아주지 않는다. 서구 기업에서 아이디어를 낸 직원에게 1억 원 정도의 보너스를 선뜻 내준다면 우리는 십만 원 정도를 체면치레로 주는 식으로 차이가 난다. 상을 받았다고 주위 사람과 회식하면 내 돈이 더 들어간다. 아이디어에 관한 사회적인 관심이나 가치를 알아주는 정도의 차이가 나도 너무 난다. 하물며 이 정도의 관심이나 대우마저도 없는 조직이 많으니 할 말은 없다.

특이한 아이디어를 제안했더라도 고속 승진하는 경우가 거의 없다. 비실용주의 사회에서는 연공서열이 기준이기 때문이다. 부하 직원의 아이디어를 도용하여 진급하는 상사가 많은데, 그걸 관행이라고까지 한다. 그러므로 독서에 굳이 시간과 노력을 투자할 필요를 절감하지 못한다. 오히려 그 시간에 위 상사나 진급 담당자가 관여하는 모임에 얼굴을 비친다. 그러면서 관계나 연緣을 강화하는 것이 진급이나 생존에 더 유리하다. 실제로도 그렇다.

이런 추세로 인하여 동창회나 향우회, 교육 기수와 일반 친목 모임 등에 정도 이상으로 가입하고 열심히 활동하는 사람이 많다. 애경사에 참석하는 횟수도 몇 배로 늘어난다. 친목 모임이라 대개 술이 빠지지 않는다. 몸도 지치고 모임에 참석할 시간도 모자라므로 독서는 아예 생각할 수조차 없다. 대학을 졸업하고 몇 십 년 동안 책을 한 권도 안 읽었다는 사람을 만난 적이 있다. 그래도 유명 기업의 높은 직책을 유지한다. 대학 졸업장과 연만 있으면 살아가는데 별 지장이 없는 사회다.

그렇다고 언제까지 사회 탓만 할 수는 없다. 21세기는 국제경쟁의 시대다. 빌 게이츠Bill Gates도 주말이면 다른 일은 다 제쳐 놓고 독서로만 지낸다고 한다. 인성의 학습과 훈련을 지금 시작해야 한다. 그러면 어느 날부터 갑자기 책을 읽고 싶어진다.

인생도 작전

코미디 액션 영화라면 으레 나오는 상황 설정이 하나 있다. 문제 해결을 위해 세운 치밀한 작전이 어떤 이유로든지 결정적인 순간에 쓸모가 없어진다. 동료들이 주인공에게 다음 작전이 있느냐고 묻는다. 주인공은 "있다. 무작전無作戰이다."라며 악한들을 향해 무조건 돌진한다. 좌충우돌하는 실수 연발에 관객은 재미있어 하고 영화는 히트한다.

하지만 이것은 영화다. 실제 위험에 처한 상황에서 작전이 없다면 비극 중의 비극이다. 인간은 작지만 그 안은 가늠할 수 없을 정도의 드넓은 우주가 숨어 있다. 우주를 경영하는 일이 간단치 않다. 전쟁 중 작전 없는 장수는 없다. 당연하다. 하지만 개인 생활에 작전이 필요하다고 생각하는 사람은 별로 없다. 그렇다고 거창한 계획이 있어야 하는 것은 아니다. 작아도 된다. 인성 훈련이 바로 그것이다.

아침에 일어나서 단어 한 개를 생각한다. 평소 좋아하던 과제도 좋고, 모자라는 부분을 찾아 정해도 좋다. "이것 하나만 있으면 더할 나위 없이 좋은 사람인데…"라는 얘기를 주위에서 듣는다면 그 과제를 선택하면 된다. 대게 '미소'가 가장 많다. 어떤 사람은 '경청'과 '칭찬'을 강조한다. 이들 단어를 과제로 정하여 훈련하면 된다. 그러면 따르는 성과도 커진다.

"칭찬은 보통 사람을 위대하게 만드는 자양분"이라고 하였다. 인간은 자기 이야기를 잘 들어주는 사람에게 최고의 매력을 느낀다. 그렇다면 칭찬과 경청만으로도 엄청난 일을 한 셈이다. 적어도 한 사람을 위대하게 만들 수 있다. 경청하는 사람에게 매력을 느끼지만, 본인은 더 행복하다. 미소나 경청, 칭찬 외에 어떤 단어든지 아침부터 자기 전까지 잠깐잠깐 생각한다. 이것이 작전이다.

우리 조상님들의 인생 작전은 단순하다. 과거 시험 준비하고 합격하는 것 한 가지다. 장원급제하면 더 좋다. 사회로 나가는 길은 이 한 가지뿐이다. 미소, 칭찬, 경청 등으로 상호 협력하여 성과를 거두려는 작전은 아예 없다. 조상으로부터 물려받은 이 생각이 유감스럽게 우리 몸속에도 배어 있다. 다른 사람과 협력이 잘 안 된다. 그래도 상황이 어려울 때는 따르는 척한다. 그러다 직위가 좀 오르거나 돈과 명예를 차지하면 원래로 돌아간다. 21세기의 다양성을 가로막는 "한국병"으로 개인과 기업, 국가발전에 최대 걸림돌이다.

"만나는 모든 사람에게 미소를 보낸다." "칭찬하자." "얘기를 정성스럽게 들어준다."라는 식의 작전을 세운다. 자신에게 도움도 되지만, 남도 돕는다. 평소의 작전 훈련 없이 삶의 전쟁에서 이길 수는 없다. 승리는 작전 훈련 횟수에 비례한다.

우리 인생 뻔해요

송천오末千五 신부62는 한 보육 시설에서 초등학교 5학년 여학생으로부터 "우리 인생 뻔해요."라는 말을 들었다. 충격을 받은 송 신부가 10여 년의 준비 기간을 거쳐 2011년에 '노비따스Novitas 합창단'을 만든 계기다. 아이들이 자존감을 느끼기 시작했고, 공부에 대한 의욕도 보였다. 이 시작을 발판으로 하여 노비따스 중·고교를 설립했다. 2020년에 10명의 학생을 뽑았는데 모두 기숙사 생활을 하며 비용은 무료다. "빈부 격차보다 희망 격차가 더 커…, 음악으로 아이들의 꿈 키워줄 것"이라고 송 신부는 말한다.

음악뿐 아니라 체육도 마찬가지다. 체육 활동에 참여한 학생들 자신이 공부에 도움을 준다고 말하는 데도 체육을 제대로 시행하는 학교가 없다. 모두 입시 교육에 매달리다 보니 아예 시간을 배정하지 않는 곳도 많다. 그렇게 해서 소위 일류대학에 많은 학생이 합격하는 것이 과연 누구를 위한 것인지 모른다. 건강이 안 좋으면 손에 황금 덩어리를 쥐여 준들 아무

254

의미나 소용이 없다. 일부 합격한 학생은 그래도 낫다. 대다수 합격하지 못했거나 낙오자를 위한 별도의 교육과 배려가 전혀 없다.

예체능 교육이 인성 형성에 좋다는 것은 누구나 알고 있다. 학교에서 별도의 인성교육을 시행하지 않더라도 토론과 예체능 교육으로 얼마든지 인성을 형성할 수 있다. 그런데 직접적이든 간접적인 방법이든 둘 다 시행을 안 한다. 그러다 보니 인성의 부재로 인해 청소년들에게 각종 문제가 발생한다. 독립심이나 정체성이 약해 어려움이 닥칠 때 무얼 어떻게 해야 할지 모른다. 진취성도 없어 꿈조차 갖지 못한다. 삶의 의욕도 떨어진다. 마약이나 폭력, 무기력한 생활로 인해 우울증에 걸리거나 자살의 유혹에까지 쉽게 빠질 수 있다. 정상적인 가정에서 자란 청소년들도 이럴진대 보육원의 청소년들은 더욱 어렵다. 전국의 보육원에 인성교육 지도자가 한 사람 이상 배치되어야 한다. 여건이 안 되면 자원봉사자를 구하면 된다.

인성교육은 건전한 생활인을 만드는 것을 목표로 한다. 쉽게 말해 어떻게 해야 제대로 먹고사느냐 하는 '물고기 잡는 기술'을 가르치는 교육이다. 그런데 우리는 이를 소홀히 하면서 막연하게 자녀들이 사회에 나가 잘 살기를 바란다. 이는 마치 활을 쏘지 않고 화살이 과녁에 맞기를 고대하는 바와 같다.

예체능이든지 자기암시 훈련 중 적어도 하나는 해야 한다. 그래야 보육원생을 비롯한 모든 청소년이 "우리 인생 뻔해요."라는 말 대신에 "세상은 우리 것이지요."라며 기쁨과 희망을 품을 것이다.

10년 후를 준비하자

누구나 10년 전으로 한 번쯤 돌아갔으면 하고 바란 적이 있을 것이다. 현재가 안 좋아 그럴 수 있고, 옛날이 사무치도록 그립고 좋아서이기도 하다. 사랑하는 사람이 있었던 10년 전이면 더욱 그렇다. 지나간 일이지만 10년 전에 이렇게 했었더라면 지금 이렇지 않았을 텐데, 하는 후회가 가장 많다. 그렇다면 누구나 10년 후를 위해 꼭 준비해야 할 것은 무엇일까?

첫째, 은퇴 준비다. 한 목사님께서 10여 년 전에 있었던 종교 모임 이야기를 한다. 어느 날 유명한 원로 목사님과 우연히 자리를 같이하게 되었다. 얘기 도중에 그분께 지금 은퇴하시고 산속에 들어가서 기도 생활을 하시는 게 어떠냐고 권해드렸다. 웃어른을 존경하는 마음에서 진정으로 드린 말씀이었다. 그런데 당신 누구냐며 화를 벌컥 내더란다. 아직 자기가 아니면 교회나 교단 운영이 안 된다며 자신에 찬 목사님이다. 더욱이 처음 본 젊은 목사가 느닷없이 은퇴를 권했으니 그럴 만하다. 그런데 이후 10여 년 동안 그 원로 목사님의 행적은 그야말로 가시밭길이 되었다.

돈 외에 여자 문제까지 겹쳐 만신창이가 되었다. 자기 아니면 안 된다는 오만이 넘쳐 생각과 행동이 엉뚱한 방향으로 흐른 것이다. 지나치게 떠받들던 주위에서 그렇게 만들었을 수도 있다. 이분은 10년 전에 젊은 목사가 한 말대로 당시에 은퇴할 걸, 하며 뼈저리게 후회하고 있을 것이다. 하지만 지나간 일을 돌이킬 수는 없다.

둘째, 마음 다잡기다. MBC에서 방송된 '과거로의 여행'이라는 프로그램을 본 적이 있다. 80대 노인을 상대로 마음가짐이 신체에 어떤 영향을 줄 수 있는가에 관한 미국 하버드대의 실험 내용이었다. 80대 노인들의 소원은 간단하다. "두 다리로 마음대로 걸었으면 좋겠다." "그냥 젊은 시절로 돌아갔으면 좋겠다." 등인데 몇몇 노인은 "10년만 젊었으면 좋겠다."라고 한다. 이런 상태의 노인 8명을 모아놓고 강제로 20년 전과 같은 삶을 살게 하였다. 주거 환경도 그렇게 만들었다. 당시 화제를 모았던 영화 포스터를 벽에 붙이고, 유행했던 유명 가수의 노래가 항상 실내에 흐르게 하는 식이다. 그랬더니 일주일 후 모두 10년 이상 젊어졌다. 실제로 건강 검사를 해 보니 50대 수준이었다. 실험을 담당한 대학교수나 변화된 모습을 본 가족들 모두 놀랐다. 일시적일 수 있지만, 마음이 신체에 미치는 영향이 얼마나 큰가를 잘 보여준다.

셋째, 인성을 학습해야 한다. 10년 전부터 인성 훈련을 했다면 청소년들 누구나 현재 취업에 어려움을 겪지 않을 것이다. 50대를 넘은 사람이 재취업에 성공하는 이유도 인성을 지녔거나 학습하는 자세다.

평생 수행한 사람도 자신을 잃어버리는 것은 순간이다. 지금부터 우리 모두 인성 훈련을 시작하자. 10년 후를 준비하자.

인성은 운명교향곡의 지휘자

상황이 어려워지면 우리는 "운명이니 어쩔 수 없다."라며 운칠기삼運七技三이라는 말을 많이 한다. 운칠기삼은 청대淸代의 문학가 포송령蒲松齡, 1640~1715이 편찬한 『요재지이聊齋志異』에 나오는 말이다.

실력을 갖췄는 데도 과거에 번번이 낙방하는 늙은 선비가 옥황상제에게 '운명의 불공정성'에 대해 따지러 간다. 옥황상제가 운명의 신과 정의의 신 간에 10회전의 술 시합을 시킨다. 운명의 신이 7번을 이겼다. 옥황상제는 비록 7할의 불합리가 지배하고 있긴 하나 3할의 이치가 행해지고 있음 또한 명심해야 한다며, 정의의 신이 세 차례 이긴 것에 의미를 부여한다. 늙은 선비가 이를 받아들이지 않을 수는 없다.

영국의 켄 로치Ken Loach 감독의 '미안해요 리키'라는 영화가 화제였다. 영화 속에 특별한 일이나 사건은 없다. 이 점이 오히려 이 영화의 매력이다. 그저 평범한 가정에서 택배 회사 배달원인 가장과 식구가 겪을 수 있는 갖가지 어려운 일이 연속된다. 어려움이 가중되니 희망이 전혀 없어보인다. 그렇다고 삶을 포기할 수는 없다. 가족들은 계속 노력하고 서로

258

를 위로하는 모습을 보인다. 그런 상태로 삶은 이어진다. "사는 게 이렇게 힘들 줄 몰랐어. 모든 게 엉망진창이야." 주인공인 리키가 마지막 장면에서 하는 말이다. 우리가 많이 하는 말이기도 하다.

동네에 한 할머니가 사신다. 중학교에 다니는 손녀를 맡아 키운다. 혼자 키운 외아들이 고등학교 때 연애를 해 덜컥 애를 낳았다. 아기 같은 며느리는 일찌감치 애와 가정을 버리고 떠났다. 아들도 어디 가서 무엇을 하는지 한 달에 한 번 정도 집에 들른다. 모든 것이 이 할머니 책임이 되었다. 그런데 손녀가 하는 짓이 자기 엄마를 닮았다. 환경이 그러니 어쩔 수 없을 것이다. 할머니가 아무리 타일러도 말을 잘 안 듣는다. 할머니의 한숨이 깊어진다.

늙은 선비, 리키, 할머니 모두 열심히 살려고 노력하는 선한 서민들이다. 그런데 운명의 신은 행복으로 가는 길에 장막을 치고 열어주지 않는다. 일부러 불행으로 가는 쪽만 열어 놨다. 인간은 운명과 맞서 싸워 왔다고 신화에서나 선지자들이 선언하듯이 얘기한다. 작품 속에서는 영웅이 되고 주인공이 되어 멋있어 보인다. 연극이지만 아버지를 죽이고 어머니와 결혼하여 자녀이자 동생을 낳는 오이디푸스 왕의 운명이라면 고통은 비교할 수가 없다.

"성품이 우리의 운명을 결정짓는다."라고 했다. 물론 아무리 노력해도 운명의 여신은 장난을 친다. 우리를 가만 놔두지 않는다. 어떻게 해서든지 어둠과 실패의 구렁텅이로 끌어 내리려 한다. 하지만 인성을 갖추면 고난의 운명을 쉽게 넘을 능력을 기본적으로 갖추게 된다. 설혹, 그러한 운명에 빠진다 해도 기간이 길지 않다. 빠져나올 자신감이나 방법도 얼마든지 있다. 인성이 '운명교향곡'의 지휘자다.

거짓 고통을 날려 보내라

심한 통증으로 자신은 몹시 괴로운데 검진을 해도 아무 이상이 발견되지 않는 경우가 있다. 외상外傷이 아니라 몸속이 아플 때가 더욱 그렇다. 누가 보면 꼭 꾀병을 부리는 것 같다. 아무 이상이 없다고 말하는 의사와 진단 결과가 오히려 원망스럽고 섭섭하기까지 하다. 특이한 현대병 중에 하나로 의사도 어떻게 손 쓸 수 없다. 별 차도 없이 고통이 지속한다면 진통제나 신경안정제 처방이 고작이다. 하지만 그때뿐이다. 약을 계속 먹을 수 없어 끊고 있다 보면 어느새 재발한다. 다람쥐 쳇바퀴 돌듯이 항상 제자리다. 보통 고민이 아니다.

어려서 고기만 먹으면 체하는 이상한 소화 장애가 생겼다. 짜장면에 들어간 가루 고기도 소화가 안 된다. 다른 종류는 소화에 문제가 없다. 사춘기 때라 심리적 요인이 크다는 말을 들었다. 아는 분 소개로 '심리 치료 학원'이라는 데를 두 달 다녔다. 특별한 치료법이 있는 것이 아니다. 원장이란 분이 치료와 관련된 실제 있었던 이야기를 많이 한다. 나머지 시간에는 복식 호흡 등 요가의 기본 동작 몇 가지를 한다. 상담의 요지는 "사람 마음이 육체를 지배한다."이다. 이야기 내용을 인지하고 자기 스스로 치료하게 하는 것이다.

원생 중 나와 비슷한 신경성 위장병 환자가 가장 많다. 특히 한恨이나 화火가 쌓이는 우리 고유의 생활환경 때문에 한국 여성에게 많다고 한다. 음식만 들어가면 속이 볶인다. 명치끝을 바늘로 찌르듯이 아프다. 병원에 가면 치료를 받을 때뿐이고 통증은 계속된다.

학원 원장이 한 원생을 원장실로 조용히 부른다. 독일에서 보내온 소화제인데 특별히 당신한테만 준다고 말한다. 다음날 학원에 온 원생이 소화가 너무 잘 되어 오랜만에 속이 편했다며 원장에게 고맙다고 진심으로 인사한다. 돈을 드릴 테니 약을 별도로 구할 수 없느냐고까지 한다. 원장이 그 약은 설탕과 밀가루를 섞은 것이라고 말해준다. 환자는 실망도 하지만 위로와 용기를 얻는다. 병의 실체를 알고 차츰 자신감을 얻으면서 심리적인 병도 점점 나아진다.

심장이 금방 멈추는 강박관념으로 오른손으로 왼 손목의 맥을 짚고 땅이 꺼질 듯이 조심스럽게 걸어 다니는 중년 부인이 있다. 심장이 뛰나 안 뛰나를 확인하는 것이 일과로 이 일 외에는 아무것도 못 한다. 의사가 심장에 이상이 없다고 아무리 얘기해도 오른손을 왼손에서 떼지 못한다. 이분처럼 즐거움은 없고 대신에 심적 고통뿐인 인생은 없다. 오른손을 왼손에서 떼지 못하니 스스로 수갑을 찬 모양새다. 가족들도 고통이다. 그런데 한날은 집에 두고 온 아이가 다쳤다는 급한 전화를 받고서는 학원 계단을 번개처럼 뛰어 내려가 사라졌다. 순간적으로 오른손으로 왼 손목의 맥을 짚고 심장이 뛰고 있나 확인하는 것도 잊고 양손을 다 휘두르며 뛰어갔다. 그리고 증상이 나았는지 다시는 학원에 오지 않았다.

한 여대에서 메이퀸을 할 정도로 예쁜 여학생이 학원을 찾았다. 주위에서 항상 예쁘다는 말을 듣다 보니 거울 보는 시간이 점점 늘어난다. 얼굴 중에 특히 코가 예쁘다. 거울로도 보지만 직접 눈으로 내려다보기도 한다. 그런데 어느 날부터 코가 두 개로 보이기 시작한다. 거울을 봐도 코가 두 개다. 이 여학생에게 이보다 큰 고통은 없다. 아무리 가족이나 친구가 두 개가 아니라 하나라고 해도 울며불며 절망에 빠져 헤어나질 못한다. 이 여학생도 이런저런 얘기를 들으며 점차 나아져 학원을 졸업했다.

최근 겨울에 겪은 일이다. 앞가슴 전체 근육이 안 아픈 곳이 없었다. 너무 아파 꼼짝달싹도 못 할 정도였다. 분명 암이나 큰 병에 걸렸을 것이라는 걱정에 큰 병원에 가서 엑스레이도 찍고 MRI도 찍었다. 아무 이상이 없단다. 그런데 날이 갈수록 고통은 더 심하다. 두 달 이상 지속한다. 건강 문제가 생기면 상담하는 후배 의사가 하나 있다. 전화를 걸어 상태를 호소했다. "나이가 들면 그런 현상이 나타나는 수가 있다. 특히, 겨울이면 근육이 경직되어 더욱 그렇다. 괴롭지만 봄이 되면 나을 것이니 그때까지 참는 수밖에 없다."라는 말을 들었다. 순간적으로 고통이 거짓말처럼 반은 사라진다. 지낼 만해졌다. 차츰 약화되더니 봄이 되자 정말로 완전히 없어졌다.

인성은 '마음을 조절하는 기술'이다. 인성을 학습하고 훈련하는 것으로라도 그러한 거짓 상황이나 고통의 공격에 대비하고 벗어나자.

제발 거짓말 좀 해라

'솔직함'은 세상 살아가는 기본 중 기본이다. 사람은 사람과 만나며 살아간다. 여기서 솔직함이 없으면 관계가 이루어질 수 없다. 솔직함은 인간 최고의 아름다움이다. 도덕성의 대표적인 요소다. 하지만 우리는 '솔직함'만을 갖고 살 수는 없다.

"사람은 태어나면서 살아가는 것이 아니라, 죽음을 향해 한 걸음씩 나아가는 것이다." 이는 지독히 솔직한 말이다. 우리는 사는 것이 아니라 죽어 가고 있다. 옳긴 하지만 이런 말만 자주 한다면 사는 게 얼마나 재미없는가? 부잣집에 새로운 집사가 들어 왔다. 며칠이 지나자 집주인이 집사에게 말을 건넨다.

<u>주인</u> : "이보게, 나는 도량이 넓은 사람이야. 며칠 겪어보니 어떤가. 나의 단점을 솔직하게 얘기해보게. 그래야 내가 고칠 것 아닌가?"

<u>집사</u> : "저는 도저히 말씀드릴 수가 없습니다. 지난번 집사가 그렇게 했다가 해고당해서 제가 대신 들어온 거거든요."

유머집에 많이 나오는 이야기다. 솔직함이 전 집사의 밥줄을 끊어 놓은 것이다. 세상 살아가는 데 솔직하게 말해서 얻는 이익보다는 손해가 날 때가 많다. 당장 카톡을 비롯한 SNS에 올라온 글의 반응을 보면 우리가 얼마나 솔직하지 않은가를 확실히 알 수 있다.

온통 "너무 좋은 글이다", "감동했다"라는 등 칭찬 일색이다. 올라온 글에 대하여 문제점이나 단점을 지적한 글을 한 번도 본 적이 없다. 정치적인 견해 차이로 비판적인 글은 있다. 하지만 이는 제외하고서다. 올린 글에 감동했으며 이런 글을 올려주어 감사하다고 말하면 모든 사람과 관계가 좋아진다. 문제점을 꼬집는 쾌감의 유혹을 뿌리치지 못하는 사람이 있다. 자기는 솔직한 성격이라 거짓말을 못 한다며 남들이 하고 싶은 말을 자기가 대표가 되어 마구 적는다. 괜히 분란을 일으킬 필요가 없다고 옆에서 아무리 말려도 잘 안 듣는다. 극히 몇 사람에 국한된 것이어서 걱정할 필요까지는 없다. 오히려 안심해도 좋다. 대부분이 내가 올리면 네가 좋다고 해주고, 네가 올리면 내가 좋다고 해 준다. 좋은 처세술이며 좋은 세상, 행복한 세상을 만들어 나가는 첫걸음이다.

영국의 40대 재상宰相 벤저민 디즈레일리Benjamin Disraeli, 1804~1881는 적극적인 제국주의 정책을 펼쳐 빅토리아 여왕 시기 영국을 19세기 세계 최고의 강대국으로 올려놓았다. 재임 시절 이집트의 수에즈 운하를 영국 것으로 만들었다. 그는 글쓰기 외에도 다양한 재주를 갖고 있었으며 다른 사람과 잘 친했다. 빅토리아 여왕과는 당구 친구였다. 디즈레일리는 항상 당구 게임에서 빅토리아 여왕이 적당한 점수 차이로 이기게 해주고, 여왕한테는 도저히 못 당하겠다는 듯한 말을 했다. 여왕은 매번 너무 기분이 좋아 "디즈레일리 재상은 당구 치기를 좀 더 배워 오시오."라고 말했을 것이다. 디즈레일리가 고지식하게 자기의 당구 실력을 유감없이 발휘하고 여왕의 당구 실력은 아직 멀었다며 솔직하게 말했다면 어떠했을까? 빅토리아 여왕과도 사이가 별로 안 좋았을 것이며, 대영제국 건설에도 차질이 빚어졌을 것이다.

그렇다고 청소년들에게 "솔직하지 말라."라고 할 수는 없다. 구분하기가 쉽지 않다. 잘못 선택하면 친구나 직장을 잃고 국가 발전에까지 영향을 미친다. 솔직하지 않으면 신뢰받기 어려워 사회생활이 어렵다. '솔직함'은 도덕적으로나 윤리적 기준으로 절대 달리 해석할 수 없다. 정의定意나 나아갈 길은 오직 하나뿐이다. 그래서 솔직함을 가벼운 마음으로 행동할 수 있게 계발된 분야가 인성이다. 때에 따라서 솔직하지 않아도 된다는 예외 규정을 둔 것이다. 면죄부를 주었다. 단, 상대방에게 피해를 주면 안 되며 성과와 실리가 있을 때라야 용서받는다. 실제로 칭찬도 거짓으로 할 때가 더 많다. 흔히 말하는 "선의의 거짓말"이다.

인성은 삶을 정말 맛있게, 풍요롭게, 재미있게 한다. 디즈레일리 재상이 유대인이란 사실은 정말로 우연이 아니다.

내게 100억 원이 생긴다면?

미국의 대학 중에서 실용적인 교육으로 유명한 일리노이공과대학교 Illinois Institute of Technology의 전신인 아머공과대학의 설립1893은 갠솔러스 Gunsaulus라는 한 젊은 철학자이자 목사의 꿈으로부터 시작되었다. 그런데 설립 과정이 좀 특이하고 나름대로 배움을 주는 요소가 숨어 있다.

그는 대학에 다니던 시절부터 당시의 교육제도에 문제점이 많다는 것을 느꼈다. 그래서 자신이 대학을 세워 반드시 이 문제점을 개선하리라 생각했다. 하지만 새로운 대학을 건립하는 데는 당시로서는 거금인 약 100만 달러가 필요했다. 2년여를 고민하던 갠솔러스는 시카고의 한 신문사에 설교 광고를 신청한다. 설교 제목이 바로 자신의 꿈이 담긴 "만약 나에게 100만 달러가 생긴다면 무엇을 할 것인가?"였다.

이를 당시 '통조림의 왕'이라 불린 자산가 필립 D. 아머Philip D. Armour가 보게 된다. 그는 이 설교를 듣기로 하였다. 갠솔러스는 설교에서 젊은이들에게 이론적인 교육보다는 실용적으로 사고하는 능력을 배양하는 교육방식의 기술학교를 세우고 싶다고 하였다. 그 학교에서 학생들은 행동을 먼저 배우게 될 것이라고 하였다. 설교를 끝내자 자리에 앉아 있던 아머가 설교단 앞으로 걸어 나가 갠솔러스에게 말했다. "100만 달러가 있다면 당신은 지금 하신 말씀을 반드시 실행하실 것으로 믿습니다. 내일 제 사무실로 오시면 그 100만 달러를 드리겠습니다." 다음날 아침 갠솔러스는 아머의 사무실에서 100만 달러를 기부받았다. 그래서 이 자산가의 이름을 딴 아머공과대학이 세워지게 되었고, 갠솔러스 자신의 꿈도 이루었다.

필자도 100억 원이 생긴다면 이런 실용적인 학교를 세워 유대인식으로 "학교 교육보다 인성교육을 먼저"라는 교육 정책을 실현하고 싶다. 사회에 나가 무엇을 어떻게 해야 하는, 기본을 모른다면 지식과 기술 수준이 아무리 높은 학생이라도 쓸모가 줄어들거나 없을 수밖에 없어서다.

미국 최고의 명문고로 하버드가 선정한 필립스 엑시터 아카데미Phillips Exeter Academy는 1781년 존 필립스John Phillips, 1719~1795라는 재산가가 설립한 고등학교다. 그는 설립 당시 한 가지 조건을 내걸었다. 모든 교육을 토론식으로 진행하라는 것이다. 토론식 수업이 지식수준을 한층 높임은 물론이지만, 인성을 형성시키는 효율적 방법임을 알았기 때문이다. 이 학교에서 교사로 근무한 우리나라의 최유진, 장재혁 부부가 쓴 책 제목도 『세계 최고의 학교는 왜 인성에 집중할까』(다산에듀, 2014)이다. 필립스 엑시터 아카데미나 하버드 둘 다 두고 하는 말이다.

하지만 이렇게 되기를 나무 아래에서 감 떨어지기처럼 마냥 기다릴 수만은 없다. 우리 모두 갠솔러스 목사처럼 될 수 있다는 신념을 갖고 인성을 학습하고 훈련해야 한다. 그러면 실용적인 인성교육에 100억 원 그 이상을 투자하는 기업가나 개인이 많이 생겨날 수 있다. 꼭 학교가 아니더라도 인성으로 자신의 소중한 꿈을 얼마든지 이룰 수 있다.

인생, 마음먹기에 달려 있어

원효대사元曉大師, 617~686의 "일체유심조一切唯心造" 이야기는 많이 안다. 원효대사가 당나라로 유학하러 가던 중 날이 저물어 무덤 안에 들어가 잠을 잔 적이 있다. 한밤중에 목이 말라 어둠 속에서 그릇에 담긴 물을 시원하게 마셨다. 아침에 일어나 보니 그릇은 해골이었으며, 물속에는 벌레까지 들어 있었다. 구역질이 나는 순간 깨달음을 얻었다. 마음만 먹으면 불상을 모신 대웅전이나 시신을 묻은 무덤이 다를 게 없음을 알았던 것이다. 그 후 신라로 발길을 되돌려 평생 포교 활동을 펼쳤다.

보통 사람도 "모든 것은 마음먹기에 달려 있다."라는 말을 안다. 하지만 깨닫는 것과는 다르다. 아는 것은 한 개를 아는 지식이고, 깨닫는 것은 한 개로 수백, 수천 가지 이치를 실제로 경험한 듯이 한꺼번에 깨우치는 것이다. 더욱이 원효대사는 이미 수만 가지의 선지식을 알고 있다. 깨닫는 순간 그것까지도 모두 깨달음 속에 들어오니 얼마나 몇 개를 아느냐 하는 것은 무의미해졌다.

인성을 학습하고 훈련하려면 이 정도는 돼야 하지 않겠느냐는 말을 하

268

기 위해 이 이야기를 꺼낸 것은 아니다. 그렇다고 전혀 무시할 수만은 없다. 다만 원효대사보다는 데일 카네기의 경험을 참고하면 실생활에 도움이 될 것이다.

데일 카네기가 사회에 처음 나와 조그만 방을 얻었다. 겨울이 되자 난방용 스팀이 들어왔다. 그런데 스팀 장치인 라디에이터가 낡아 증기 새는 소리가 시끄러워 도통 잠을 잘 수가 없었다. '칙칙칙~' 하는 소리가 잠을 방해하는 것이다. 고민을 하던 중 한 가지 해결책이 떠올랐다. 학생 때 캠핑 가서 캠프파이어를 하면 '쉭쉭' 하며 나무 타는 소리가 요란스럽다. 가만히 생각해보니 라디에이터에서 증기가 빠져나가는 소리와 비슷했다. 자기가 자는 방을 캠핑장으로 바꿔서 생각했다. 대자연의 품속에서 듣는 나무 타는 소리는 오히려 자장가다. 이후 스팀 소리로 잠을 못 자는 일은 없어졌다고 한다.

간단한 생각 하나로 어렸을 때의 캠핑장에서 매일 잠을 자게 되었으니 고민이 행복이 되었다. 하지만 원효대사나 데일 카네기의 얘기를 듣고 "세상사 내 마음대로 할 수 있네."라고 쉽게 단정하면 안 된다. 원효대사는 원래 내공이 있었던 분이고, 데일 카네기도 몇 권의 자기계발서를 낼 정도로 선학습이 된 작가였다. 어렵게 생각해야 한다는 말이 아니라 너무 쉽게 생각했다가 나중에 실망이 클까 봐 하는 소리다.

일반인들에게 인성을 얼마만큼 갖추었느냐보다는 현재 인성을 학습하고 있느냐 아니냐가 중요하다. 이 점에 신경 쓰면 된다. 나이가 들수록 근육 운동을 하라고 의사가 권한다. 마찬가지로 남녀노소 모두 마음의 근육인 인성을 수련하여 성공, 건강, 행복해지자.

모든 것은 정말로 마음먹기에 달려 있다.

분명, 원하는 대로 된다

세상에는 두 종류의 사람이 있다. 작은 것을 무시하고 큰 것을 쫓는 사람과 큰 것은 놔두고 작은 것을 소중히 하는 사람이다. 인성을 중시하는 사람은 후자다. 인성은 이론적으로 어린아이도 이해하는 데 어려움이 없을 정도로 쉽다. 크기도 작다. 이렇게 쉬운 것을 중시하는 사람은 자칫 유치하다는 소리를 듣기 쉽다.

다른 사람을 만나면 싱겁게 빙긋빙긋 웃는다. 항상 머리 숙여 먼저 인사를 한다. 상대방의 지위나 처지, 나이와 상관없이 공손하게 말을 하고 상대방이 말을 하면 끝까지 경청한다. 마치 하인이 지위가 높은 주인에게 하는 것처럼 한다. 자칫하면 이런 행동을 존경할 사람은 아마 주위에 아무도 없을 것이다. 오히려 무시당하기 십상이다.

하지만 모래 한 알 속에 우주가 들어 있다고 한다. 평소 작은 것을 소중히 하는 사람은 그 속에서 우주를 본다. 그러면 세상 살기가 얼마나 편한가? 모래 한 알을 얻으면 우주를 얻은 것과 마찬가지이니, 이보다 만족과 행복을 쉽게 얻을 방법은 없다. 세상에 널려 있는 것이 모래알이다. 다만, 작은 것을 소중히 하지 않는 것이 습관인 사람은 모래알에 관심도 없을 뿐더러 그 속에서 영영 우주를 보지 못한다. 그리고 어렵고 큰 것에 매달린다. 힘들고 실패할 확률도 높다. 주머니에 돈도 없고 심리적으로도 위축되어 불행하다고 느낀다. 그래도 체면 때문에 놓지 못한다.

이 책의 주제는 바윗덩어리를 들고 있지 말고 모래 한 알이라도 손바닥 위에 올려놓고 미소를 지으며 살자는 것이다. 누구나 할 수 있는 일이다. "천 리 길도 한 걸음부터"나 "네 시작은 미약하나마 그 끝은 창대하리라."라는 말처럼 작은 것이 언제까지나 작은 것은 아니다. 이런 마음이라야 비로소 인성이 보이고 느껴진다. 목마름을 느낀 사람이 물을 들이켜듯이 몸이 받아들인다. 바로 인성의 시작이다.

인성이 조그만 것부터 시작하게 하고, 조그만 것이라도 만족하고 행복하게 한다. 하지만 점점 만족과 행복의 종류가 많아지고 커짐은 누구도 막을 수 없다. 개인을 넘어 기업과 국가의 성공과 발전에도 영향을 준다. 먼저, '인사하기'라도 아주 작게 시작해 보자. 분명히 그 끝은 창대하다!

누구나 돈 벌기를 원한다. 그러면 장사 잘하면 된다.

장사 잘하는 가게 주인과 직원의 언행이 곧 인성이다.

취업·진급·연애·결혼·창업·성공·건강·행복, 이 모든 게 인성에 달렸다.

인성만큼 120% 성공이 가능하고 쉬운 도구는 없다.